Os Direitos Previdenciários no Supremo Tribunal Federal

ANA PAULA FERNANDES

Professora de Pós-Graduação em Direito Previdenciário e de Cursos de Capacitação Profissional. Parecerista e Palestrante no âmbito do Direito Previdenciário. Conselheira Representante dos Contribuintes — 4ª Câmara 2ª Seção de Julgamento — CARF. Conselheira da Câmara de Trabalho e Previdência do Conselho de Tributação e Finanças da Associação Comercial do Paraná. Membro da Comissão de Direito Previdenciário e da Comissão de Direitos Humanos da OAB/PR. Diretora de Apoio ao Associado do Instituto Brasileiro de Direito Previdenciário — IBDP. Mestre em Direito Econômico e Socioambiental — Sociedades e Direito na Pontifícia Universidade Católica do Paraná — PUC/PR. Pós-graduada em Direito Processual Civil — Instituto Romeu Felipe Bacellar. Pós-graduada em Direito Previdenciário e Processual Previdenciário Aplicado, na Pontifícia Universidade Católica do Paraná. Ex-Conselheira Representante das Empresas — Câmara de Julgamento do Paraná — Conselho Pleno em Brasília — CRPS.

Os Direitos Previdenciários no Supremo Tribunal Federal

LTr EDITORA LTDA.
© Todos os direitos reservados

Rua Jaguaribe, 571
CEP 01224-001
São Paulo, SP — Brasil
Fone (11) 2167-1101
www.ltr.com.br
Setembro, 2015

Produção Gráfica e Editoração Eletrônica: R. P. TIEZZI
Projeto de Capa: FABIO GIGLIO
Impressão: DIGITAL PAGE

Versão impressa — LTr 5387.5 — ISBN 978-85-361-8629-0
Versão digital   — LTr 8818.9 — ISBN 978-85-361-8621-4

Dados Internacionais de Catalogação na Publicação (CIP)
(Câmara Brasileira do Livro, SP, Brasil)

Fernandes, Ana Paula

   Os direitos previdenciários no Supremo Tribunal Federal / Ana Paula Fernandes. — São Paulo : LTr, 2015.

   Bibliografia

   1. Brasil. Supremo Tribunal Federal 2. Direito previdenciário — Brasil 3. Direitos fundamentais I. Título.

15-08460   CDU-34:368.4(81)

Índice para catálogo sistemático:
1. Brasil : Direito previdenciário 34:368.4(81)

"Que a felicidade seja sempre o caminho e não apenas o destino final."

Dedico esta pesquisa a todos os segurados da Previdência Social, em grande parte pessoas humildes que desconhecem seus direitos. Uma vida de trabalho dedicado ao estudo do Direito Previdenciário, em todas as suas formas, tem sido um grande incentivo para levantar cedo e dormir tarde todos os dias da minha vida.

AGRADECIMENTOS

A presente obra é fruto da pesquisa realizada ao longo do mestrado, e como a maioria das pessoas que ingressam na jornada acadêmica, eu também assumi essa caminhada em conjunto com muitos outros compromissos profissionais, me ausentando muitas vezes da vida familiar e do convívio dos amigos. Contudo, a conclusão deste trabalho não seria possível, se não fosse pelo apoio e compreensão de pessoas tão importantes as quais passo a agradecer.

Ao meu querido marido Anderson, pela constante compreensão, amor e cooperação em todas as minhas jornadas profissionais e pessoais.

A minha mãe, eterna luz da minha vida, que moldou a mulher que sou hoje. Nesta esteira agradeço também a minha irmã que me auxilia em diversas atividades e aos meus irmãos e meu sobrinho, que sempre estão ao meu lado.

Aos amigos, difícil elencar quais, pois foram vários muito importantes nessa trajetória, entretanto alguns precisam ser destacados:

Os colegas do mestrado Luciane e Felipe, pela parceria nas madrugadas de estudo, pelo compartilhamento de ideias e soluções, mas, sobretudo, pela irmandade descoberta nas afinidades inerentes às nossas personalidades.

À Giseli, amiga, sócia, irmã, que administrou sozinha muitos de nossos projetos profissionais, a fim de possibilitar que eu conseguisse realizar este sonho acadêmico, além, é claro, de dar suas preciosas sugestões ortográficas e gramaticais ao meu texto.

A amiga Ninanrose, amiga de todas as horas em momentos pessoais e profissionais, que compreende meus ideais e meus momentos de cansaço.

À Andréia, minha estagiária, responsável e sempre disponível, presente nas pesquisas e no auxílio com minhas atividades.

Aos colegas previdenciaristas Lúcia, Leandro, Mário, Maria Inês, Mílvio, Emerson, Alberto, Pimenta, Alexandre e Edmilso pelas experiências compartilhadas e pela companhia nessa jornada.

À Neusa minha amiga que mesmo distante, sempre se faz presente.

Aos meus mestres, Melissa por me mostrar sempre o caminho a ser percorrido. Jane pelas inúmeras oportunidades de aprendizado. E Savaris pelas pesquisas científicas e palestras que sempre me motivam.

Ao amigo Manuel Dantas por me mostrar que é possível lutar pelo Direito Previdenciário, independente das adversidades.

Aos colegas conselheiros da 1 Composição Adjunta da 4 Câmara de Julgamento do CRPS e aos Colegas do Conselho Pleno, inúmeras foram as contribuições destas equipes na minha trajetória profissional previdenciária.

Ao professor Cláudio pelos ensinamentos da nossa língua portuguesa.

À professora Claudia Maria Barbosa, pela orientação e pelos conselhos acadêmicos.

SUMÁRIO

Prefácio 13

Introdução 17

Capítulo 1
Direitos Previdenciários Equiparados a Direitos Fundamentais e Direitos Humanos — Proteção Constitucional e Internacional 21

1.1. Características dos direitos fundamentais 25

1.2. Evolução do direito previdenciário ao *status* de direito fundamental 31

1.3. Fundamentalidade material dos direitos previdenciários — prestações positivas do Estado com contraprestação obrigatória dos segurados 39

1.4. A limitação de direitos humanos fundamentais na esfera do Poder Judiciário em face da utilização de argumentos extrajurídicos 44

Capítulo 2
Pesquisa Empírica da Jurisprudência Previdenciária na Base de Dados do Supremo Tribunal Federal — STF 49

2.1. Argumento de pesquisa temporal 50

2.2. Argumento de pesquisa jurídico 51

2.3. Amostra de pesquisa 54

Capítulo 3
O Comportamento do Supremo Tribunal Federal na Defesa de Direitos Humanos Fundamentais Previdenciários 96

3.1. Análise dos resultados da pesquisa 96

    3.1.1. Plataforma de pesquisa disponibilizada pelo STF 96

    3.1.2. Inteiro teor dos julgados da amostra 100

    3.1.3. Dos resultados dos julgamentos 102

3.2. Argumentação extrajurídica em detrimento da norma legal: análise de casos pontuais 106

3.3. Conformidade do modelo jurídico atual de tomada de decisão face à falibilidade do argumento extrajurídico utilizado — crise entre democracia e Constituição 111

Conclusão 127

Referências Bibliográficas 131

PREFÁCIO

O único mistério do Universo é o mais e não o menos.

Percebemos demais as coisas — eis o erro e a dúvida.
(Fernando Pessoa, poemas inconjuntos)

Em tempos de afirmação do "neoconstitucionalismo", cujo marco teórico consubstancia no "reconhecimento de força normativa à Constituição, da expansão da jurisdição constitucional e no desenvolvimento de uma nova dogmática da interpretação constitucional", o Supremo Tribunal Federal, como não poderia ser diferente, tem sido reiteradamente instigado a se pronunciar acerca dos mais diversos temas. Atualmente, milhares senão milhões de beneficiários da Previdência Social aguardam manifestação da Corte Constitucional em diversas matérias, o que dá a dimensão da importância do acertamento dos julgados para a sociedade brasileira e a garantia da paz social.

Nesse sentido, é válido ressaltar que o propósito da presente obra é ímpar e fundamental: mensurar, a partir dos julgados posteriores à Constituição Federal de 1988, a atuação da Corte Constitucional nos julgamentos em tema caríssimo a uma sociedade organizada dentro de um Estado Democrático de Direito. Dessa forma, *a inabilidade do Supremo Tribunal Federal em defender os direitos previdenciários como direitos humanos fundamentais: uma análise empírica*, por si só, é ousada e, inquestionavelmente, deixa transparecer o perfil audacioso da autora. Se compararmos a sua atuação no contexto da "guerra de posições", de Antônio Gramsci, o seu lugar de batalha é no *front* (do saber).

Como fruto de uma dissertação de Mestrado, de feição acadêmica e rigor científico e conceitual, o estudo apresenta-se em duas etapas: a pesquisa teórica e a investigação empírica. A primeira nos traz a conceituação e evolução dos direitos fundamentais e direitos humanos à luz da doutrina nacional e dos tratados internacionais de que o Brasil é signatário. Além disso, avança na identificação da utilização de argumentos extrajurídicos para a limitação de direitos humanos fundamentais pelo Supremo Tribunal Federal.

Por meio de método empírico, o estudo identificou ainda que o Supremo Tribunal Federal julga com apego a legalidade na motivação de decisões favoráveis aos beneficiários. Entretanto, para a negativa de direitos, a motivação se faz por meio de construções jurídicas, sopesamento e ponderação de princípios e regras, o que permite maior espaço argumentativo. Diante deste quadro, como não poderia deixar de ser, a União Federal saiu vencedora em 71% dos julgados do período pesquisado.

Dentre os julgados analisados em pormenores, dois se destacam: da majoração da cota de pensão para o percentual de 100% também para aqueles em que o segurado mantenedor faleceu antes da Lei n. 9.032, de 29.4.1995 (RE 597.389/SP) e da decadência para revisar benefícios previdenciários concedidos antes da Medida Provisória n. 1.523, de 27.06.1997 (RE 626489/SE).

A fixação do valor do benefício de pensão por morte em cota parte do salário de benefício por dependente – tema que recentemente esteve no noticiário com a Medida Provisória n. 664/14 — já fez parte da legislação previdenciária. Até a Lei n. 8.213/91, a pensão por morte era concedida à razão de 50% do salário de benefício a título de cota familiar e cota-parte de 10% para cada dependente, até o limite de 100%. A Lei n. 8.213/91 elevou a cota familiar para 80% e manteve a cota-parte de 10% para cada dependente, até o limite de 100%. Em 28.4.1995, com a publicação da Lei n. 9.032 que deu nova redação ao art. 75 da Lei n. 8.213/91, a pensão por morte passou a ser paga no percentual de 100% do salário de benefício, independentemente do número de dependentes.

Diante do novo arcabouço legal, os pensionistas de então buscaram em massa a majoração para 100% do salário de benefício. Os Tribunais pátrios, inclusive o Superior Tribunal de Justiça, pacificaram entendimento no sentido de que em direito de trato sucessivo, sobrevindo legislação mais benéfica, os seus efeitos poderiam retroagir ou então ter sua aplicação imediata. O Supremo Tribunal Federal, em grau de repercussão geral (RE 597.389/SP), encerrou a celeuma revertendo a causa em favor da União Federal, sob o argumento legalista de que em matéria previdenciária se aplica o princípio *tempus regit actum*.

Entretanto, o mesmo Supremo Tribunal Federal ao julgar o RE626489, em 18.10.2013, que trata da alegação de incidência da decadência para revisar benefícios concedidos antes da fixação de tal previsão em nosso ordenamento jurídico (27.6.1997), decidiu pela incidência da mesma a qualquer tempo, ou seja, podem retroagir os efeitos sem ofender os princípios gerais de Direito Previdenciário, como o princípio *tempus regit actum*. Em outras palavras, se decidiu que os benefícios previdenciários concedidos antes de 27.6.1997 passaram a estar adstritos a uma regra diferente daquela de regência ao tempo de concessão. Mais gravoso é que, em ambos os casos, a União alegou e o Supremo Tribunal Federal acatou argumentos extrajurídicos (econômicos e políticos) do déficit da Previdência Social e do abalo econômico de eventual procedência. Restam claros a sobreposição dos argumentos extrajurídicos em detrimento de normas positivadas e os princípios gerais que regem o direito humano fundamental previdenciário.

Assim sendo, certamente este volume deverá figurar entre as obras indispensáveis para aqueles que buscam a especialização em direito social visto que aponta para uma crise no modelo de tomada de decisão. São apresentados resultados inequívocos sobre a predisposição do Supremo Tribunal Federal em ceder às pressões alicerçadas em argumentos políticos e econômicos, notadamente quando envolvem aumento dos gastos governamentais. Também é indicada certa promiscuidade na relação entre os três Poderes, quando um age em interesse do outro e não no controle da legalidade, o que poderá confluir para o aprofundamento do desequilíbrio entre eles.

A inabilidade do Supremo Tribunal Federal em defender os direitos previdenciários como direitos humanos fundamentais está corroborada, nas páginas que seguem, com pleno rigor científico de uma pesquisa minuciosa na base de dados da Corte. Fica visível e cristalina a aceitação pelo Supremo Tribunal Federal de argumentos extrajurídicos como do déficit da Previdência Social e, consequentemente, da reserva do possível. Ao fim e ao cabo, é demonstrada a desvinculação da temática do direito previdenciário enquanto direitos humanos fundamentais ante a falta de percepção da fundamentalidade material deste direito para a efetiva consubstanciação da dignidade da pessoa humana.

Edmilso Michelon
Advogado previdenciarista e ex-presidente da Comissão Especial de
Previdência Social da Ordem dos Advogados do Brasil, seccional do Rio Grande do Sul.

Introdução

É possível estudar o Direito Previdenciário considerando a premissa de que este compõe o rol de Direitos Fundamentais e Humanos de um indivíduo, partindo do conceito de que a Seguridade Social, trazida pela Constituição Federal de 1988, atendia a um anseio popular e também a uma necessidade legislativa, uma vez que o ordenamento jurídico brasileiro carecia de um sistema mais bem estruturado que regulasse Previdência, Assistência e Saúde.

Essa necessidade decorre de duas premissas. A primeira, de que direitos previdenciários foram elencados pela Constituição Federal de 1988 como Direitos Fundamentais, e a segunda, de que as cartas e acordos internacionais, dos quais o Brasil é signatário, explicitam a previdência social como direito humano.

Assim, seguindo essas duas premissas, aplica-se a terminologia Direito Humano Fundamental Previdenciário, que será adotada ao longo desta pesquisa, para identificar o valor axiológico que esses direitos carregam em si mesmos.

Após explanar a respeito da condição de Direito Humano Fundamental, afeta às normas da Seguridade Social, serão traçados os pontos de inter-relação existentes entre os Direitos Humanos e os Direitos Fundamentais e analisado como estas normas são interpretadas no Ordenamento Jurídico Brasileiro, estudando o comportamento do Tribunal Constitucional Pátrio, mediante pesquisa a ser realizada por meio da análise de acórdãos e repercussões gerais, que versam acerca de Direitos Humanos Fundamentais Previdenciários.

Nesse intuito, partindo da conceituação, classificação, dimensão, função e limitação referente a Direitos Fundamentais e Direitos Humanos, passar-se-á a analisar o Direito Previdenciário dentro do contexto em que foi inserido no ordenamento brasileiro, traçando-se uma linha legislativa do Liberalismo ao Estado Social. O primeiro capítulo terá como escopo apresentar cientificamente os Direitos Fundamentais e humanos e equiparar a eles o direito previdenciário, direito eminentemente social, que nasce no seio da Constituição Federal de 1988.

Além da equiparação entres esses direitos, o primeiro capítulo ainda apresentará a forma de estruturação do direito previdenciário, cuja base constitucional tratou de definir toda sua estrutura de benefícios e custeio. O direito previdenciário é apresentado como direito humano fundamental, via de regra, passível da exigência de contraprestação financeira ao Estado, pois seus titulares correspondem a um conjunto de pessoas filiadas e inscritas no sistema para o qual contribuem de forma obrigatória ou facultativa. Assim, em virtude do princípio constitucional da universalidade de cobertura e atendimento, atende àqueles que exercem atividade remunerada da qual decorre a contribuição obrigatória ao sistema previdenciário brasileiro, ou àqueles que facultativamente optam por fazerem parte do sistema e para ele contribuem espontaneamente.

Logo, trata-se de direitos humanos, fundamentais, previdenciários, que possuem regra de contrapartida financeira, da qual resulta um poder-dever do Estado para com seus segurados.

Demonstrada a importância do direito previdenciário como direito humano fundamental, levanta-se a seguinte problemática: como são tratados esses direitos pelo Supremo Tribunal Federal — STF? Quais são os critérios utilizados pela Corte Constitucional para identificar direitos sociais, fundamentais ou humanos? Ainda, as decisões que tratam de direitos previdenciários explicitam esse caráter social a eles inerente? As decisões tomam como base o princípio da legalidade ou fundamentam-se em teses jurídicas ou até mesmo extrajurídicas?

Muitas críticas surgem no cenário jurídico acerca da politização desses julgados face ao uso de argumentos econômicos em detrimento da norma legal. Muitas vezes são utilizados argumentos econômicos não comprovados no curso do processo, mas meramente aventados pela Autarquia Previdenciária como óbice à satisfação dos direitos sociais.

Afinal, se estamos falando de Direitos Humanos Fundamentais, esses podem sucumbir aos interesses de uma minoria governamental, que detém o Poder Executivo? Como o Poder Judiciário tem se posicionado nesta problemática?

Para ajudar a responder a tais perguntas, bem como embasar cientificamente as hipóteses encontradas, a presente pesquisa contará com o estudo da jurisprudência do Tribunal Constitucional. Por meio do método da revisão sistemática, buscou-se encontrar uma amostra de pesquisa isenta e válida, capaz de acenar sobre os rumos que o STF está tomando na defesa dos Direitos Sociais, sejam eles direitos humanos, fundamentais ou previdenciários.

Assim, tomando como base a plataforma de pesquisa do Supremo Tribunal Federal — STF, com base na eleição de argumentos temporais e jurídicos, que serão explicados pormenorizadamente no capítulo 2, será realizada a busca da jurisprudência que servirá de amostra desta pesquisa.

De posse desta pesquisa empírica, passar-se-á ao capítulo 3, que analisará o comportamento real do STF, no tocante aos direitos previdenciários, a partir dos resultados advindos das pesquisas que restaram organizadas graficamente em 9 tabelas, traçando, por fim, um paralelo entre as decisões que dão procedência ao pedido dos segurados e aquelas que concedem procedência ao INSS.

O capítulo 3, após verificados os resultados advindos do capítulo 2, responderá ao título deste trabalho. Afinal, partindo da premissa exposta no capítulo 1, na qual o direito previdenciário é um direito social, equiparado constitucionalmente a direitos fundamentais, e com base nos tratados internacionais de direitos humanos, tem o STF agido no sentido de protegê-lo e torná-lo efetivo?

Qual é o papel institucional da Corte Constitucional no Estado Democrático Brasileiro?

Por óbvio, a crise na consecução de direitos sociais tem como origem a lenta evolução dos Direitos Fundamentais no Brasil, que embora positivados em nossas normas, são desrespeitados reiteradamente em nosso cotidiano e até mesmo desvalorizados pelo Poder Judiciário, sobretudo, sob ingerência do poder político, que hoje, mais que em qualquer outra época, influencia as decisões dos nossos Tribunais Superiores.

Historicamente, podemos observar que o Brasil ainda não coloca em prática os princípios e garantias fundamentais, muito bem empregados no texto Constitucional. Apesar de signatário da Convenção Internacional de Direitos Humanos, deixa a desejar na proteção dos Direitos ali elencados.

Todavia, o primeiro passo para solução do problema é o estudo pormenorizado da problemática levantada. Descobrir por meio da pesquisa se as hipóteses levantadas são verdadeiras e como elas ocorrem.

Não há estagnação, mas esta caminhada neste sentido ainda é lenta e depende de estudos aprofundados da problemática para encontrar os remédios cabíveis a solucioná-la e torná-la mais viável, com a finalidade de atender ao fim precípuo da proteção dos Direitos Humanos Fundamentais, que é a manutenção, proteção e promoção da dignidade da pessoa humana.

Capítulo 1

Direitos Previdenciários Equiparados a Direitos Fundamentais e Direitos Humanos — Proteção Constitucional e Internacional

A história dos direitos fundamentais está ligada à evolução histórica dos chamados direitos humanos como direitos de liberdade, advindos das concepções naturalistas para a positivista, até a formação do chamado novo constitucionalismo.

A evolução da sociedade acarretou a modificação das tutelas necessárias para que o homem pudesse viver no meio social, surgindo assim novos direitos intimamente relacionados às mudanças que foram ocorrendo. Passou-se dos direitos fundamentais básicos, aqueles exigiam uma mera omissão do Estado, para os direitos fundamentais de liberdade e poder, que exigem uma atitude ou prestação positiva por parte desse.

O século XX ficou marcado por episódios históricos de desrespeito ao indivíduo como ser humano, o que levou a Europa a buscar uma nova concepção de Direitos capaz de proteger o indivíduo no tocante a seus direitos fundamentais.

Como preleciona Barbosa, há uma nítida preocupação "em colocar direitos humanos como supremos numa tentativa de resgatar valores éticos esquecidos nos momentos das guerras. E esses direitos dotados de conteúdo moral, é que passam a servir de parâmetro material comum ao judicial *review* em diversos países"[1].

---

(1) BARBOSA, E. M. Q. *Reflexões críticas a partir da aproximação dos sistemas de* common law e civil law *na sociedade contemporânea*. Tese (Doutorado em Direito). Curitiba: PUC/PR, 2011. p. 107.

Em razão desse caráter histórico, os direitos fundamentais não possuem um conceito fechado. Não há consenso. A própria doutrina aponta, segundo Sarlet[2], para heterogeneidade, ambiguidade e ausência de um consenso na esfera conceitual e terminológica.

Os direitos humanos não nasceram todos de uma só vez e nem de uma vez por todas. Trata-se de direitos históricos, que nascem gradualmente em decorrência de determinadas circunstâncias, caracterizadas por "lutas em defesa de novas liberdades contra velhos poderes[3].

Diante da dificuldade de harmonizar as muitas concepções acerca dos direitos fundamentais e também do receio de que um conceito possa resultar no cerceamento de sua efetividade, deve-se priorizar os seus meios de proteção independentemente da criação de um conceito único.

A doutrina se divide no tocante à equiparação entre esses direitos. Para alguns, Direitos Humanos são aqueles que têm sua definição expressa nas Cartas internacionais, enquanto que os Direitos Fundamentais são aqueles já adotados pela legislação pátria. Um exemplo desse posicionamento é de Sarlet[4]:

> Em que pese os dois termos sejam comumente utilizados como sinônimos, a explicação corriqueira e, diga-se de passagem, procedente para a distinção é de que o termo "direitos fundamentais" se aplica para aqueles direitos do ser humano reconhecidos e positivados na esfera do direito constitucional positivo de determinado Estado, ao passo que a expressão "direitos humanos" guardaria relação com os documentos de direito internacional, por referir-se àquelas posições jurídicas que se reconhecem ao ser humano como tal, independentemente de sua vinculação com determinada ordem constitucional, e que, portanto, aspiram à validade universal, para todos os povos e tempos, de tal sorte que revelam um inequívoco caráter supranacional (internacional).

Todavia, Sarlet esclarece que, dependendo do critério adotado, a equiparação entre eles é aceitável, pois não há dúvida de que todo direito fundamental é antes de tudo também um direito humano, motivo pelo qual alguns autores têm adotado a expressão "direitos humanos fundamentais". Acerca dessa terminologia, Rezende de Barros[5] sustenta que ela tem a vantagem de destacar a unidade existente entre os direitos humanos e os direitos fundamentais.

---

(2) SARLET, I. W. *A eficácia dos direitos fundamentais*. 12. ed. Porto Alegre: Livraria do Advogado, 2015. p. 27.
(3) BOBBIO, Norberto. *A era dos direitos*. Rio de Janeiro: Campus, 1992. p. 5.
(4) SARLET, 2015, p. 29.
(5) BARROS, Sérgio Resende. *Direitos humanos. Paradoxo da civilização*. Belo Horizonte: Del Rey, 2003. p. 29 *et. seq.*

Nesse sentido José Afonso da Silva[6] defende a equiparação entre direitos humanos e direitos fundamentais definindo, entretanto, que a terminologia "direitos fundamentais do homem" seria a mais adequada.

Atesta como vantagem dessa expressão o fato de que "além de fazer alusão a princípios que sintetizam a concepção do mundo e esclarecer a ideologia política de cada ordenamento jurídico, também designa prerrogativas e instituições que o direito positivo concretiza em garantias de um relacionamento livre, digno e igual de todas as pessoas".

Tal fato ocorre porque os direitos fundamentais não possuem uma classe homogênea, eles decorrem das exigências de cada momento histórico. Entretanto, a descoberta de características básicas dos direitos fundamentais é necessária para que se identifiquem, na ordem jurídica, direitos fundamentais implícitos ou fora do texto expresso da Constituição. A doutrina majoritária defende que o ponto característico dos direitos fundamentais é o princípio da dignidade da pessoa humana.

De acordo com o referido pensamento, os direitos fundamentais possuem esteio no princípio da dignidade da pessoa humana. Não obstante, essa tentativa de entrelaçar o princípio da dignidade humana aos direitos fundamentais não encontra uniformidade, recebendo críticas como a de Gomes Canotilho[7], para quem essa concepção "expulsa do catálogo material dos direitos todos aqueles que não tenham um radical subjetivo, isto é, não pressuponham a ideia princípio da dignidade da pessoa humana".

O resultado, segundo o autor, seria então uma teoria de direitos fundamentais não constitucionalmente adequada. Gomes Canotilho defende a existência de um sentido formal dos direitos fundamentais positivados, dos quais derivam outros direitos fundamentais em sentido material, não constituindo, portanto, os direitos fundamentais, um sistema fechado. Os direitos fundamentais "formalmente constitucionais" são os enunciados por normas com valor constitucional formal, e os "materialmente fundamentais" são os constantes nas leis aplicáveis de direito internacional não positivados constitucionalmente.

Embora essa teoria possua o efeito positivo de se constituir em meio de criação de novos direitos fundamentais, ela traduz uma relativa insegurança, primeiro porque não define com exatidão quais são os direitos fundamentais e, em segundo, dificulta a tarefa de interpretar e legislar na medida em que se tem a obrigação de não contrariar algo que não é exato, o que parece bastante complicado.

Ingo Sarlet[8] também defende a existência de direitos fundamentais fora do texto constitucional, mas pertencentes a um sentido material de fundamentalidade,

---

(6) SILVA, José Afonso da. *Curso de direito constitucional positivo*. 22. ed. São Paulo: Malheiros, 2003. p. 177.
(7) GOMES CANOTILHO, J. J. *Direito constitucional e teoria da constituição*. Coimbra: Almedina, 1998. p. 373.
(8) SARLET, 2015, p. 91.

afirmando que "os direitos fundamentais, ao menos de forma geral, podem ser considerados concretizações das exigências do princípio da dignidade da pessoa humana".

Nessa mesma linha de entendimento, José Afonso da Silva[9] identifica nos direitos fundamentais uma nota de essencialidade, nos seguintes termos: no qualificativo "fundamentais" acha-se a indicação de que se trata de situações jurídicas sem as quais a pessoa humana não se realiza, não convive e, às vezes, nem mesmo sobrevive".

E é essa essencialidade que determina, ao lado do seu reconhecimento formal, a efetivação dos direitos fundamentais de forma material e concreta. Desse modo, direitos fundamentais, em sentido material, são as pretensões que em cada momento histórico se revelam a partir do valor dado à dignidade da pessoa humana. Cabe ao intérprete analisar as circunstâncias históricas e culturais do momento para decidir quais pretensões podem ser consideradas como exigências desse valor.

Como asseverado anteriormente, no que se refere a Direitos Humanos e Fundamentais, não há consenso no tocante ao conceito e terminologia, mas resta clarividente que todos os autores concordam acerca da fundamentalidade do direito por eles tutelado.

A fundamentalidade que caracteriza materialmente esses direitos no tocante ao conteúdo de suas normas tem um aspecto moral, como bem preleciona Barbosa[10], que afirma ser assim tanto nos países de *common law* como nos de *civil law*. A autora ainda aponta que o documento que exterioriza esses direitos no mundo jurídico caracteriza a dimensão internacionalista ou nacionalista dos mesmos. Os direitos fundamentais estão expressamente listados em nosso texto constitucional, enquanto os direitos humanos estariam esparsos em textos internacionais, corroborando, assim, a concepção de Ingo Sarlet citada inicialmente.

Observamos então que os textos constitucionais e internacionais tomam a dignidade da pessoa humana como elemento fundamental da materialidade dos direitos humanos ou fundamentais.

Assim podemos concluir que se o conteúdo moral depende do valor dado ao princípio da dignidade humana no momento da interpretação da norma, logo, possui um caráter subjetivo. A materialidade decorre desse conteúdo moral.

Segundo Barbosa[11], "a fundamentalidade dos direitos humanos se liga então ao conceito da dignidade humana nas dimensões da igualdade e da liberdade". A autora assevera que a "interpretação e a extensão dessas dimensões exige uma leitura moral destes direitos, o que deverá ser feito com olhar na história e cultura de cada país".

---

(9) SILVA, 2003, p. 178.
(10) BARBOSA, 2011, p. 108.
(11) BARBOSA, 2011, p. 116.

Contudo Dimoulis e Martins[12], frisam que também é importante lembrar que "os direitos fundamentais mantêm grande proximidade com a Política. Não se pode ignorar que foram impostos politicamente no meio de ferozes lutas, de revoluções, de guerras civis e de outros acontecimentos de ruptura".

Assim, a definição do que seja direito fundamental é ação que diz respeito muito mais a uma atuação política do que à atuação interpretativa de um determinado conteúdo.

1.1. Características dos direitos fundamentais

Os elementos da cultura, bem como a história política de cada Estado, têm fator determinante sobre as características de seus direitos fundamentais.

Entretanto, algumas características sempre são relacionadas na doutrina aos direitos fundamentais, sendo trazidas por Afonso da Silva[13] como: universalidade, historicidade, inalienabilidade, irrenunciabilidade, imprescritibilidade, limitabilidade ou relatividade.

Uma das características mais importantes dos direitos fundamentais é a universalidade. Dela decorre a titularidade dos direitos fundamentais, que assiste a todos os seres humanos. A qualidade de ser humano é condição suficiente para assegurar o exercício desses direitos. Essa concepção deve ser entendida no sentido de que cada indivíduo será titular daqueles direitos que lhe dizem respeito, uma vez que há uma enorme relação de direitos fundamentais, os quais vão interessar em alguns momentos a toda a coletividade e em outros apenas a determinados grupos de indivíduos.

A universalidade é decorrente da dignidade da pessoa humana, já que a "condição humana é o requisito único para a titularidade de direitos, considerando o ser humano um ser essencialmente moral, dotado de unicidade existencial e dignidade, esta como valor intrínseco à condição humana"[14].

O caráter universal dos direitos humanos também diz respeito à ideia de que esses direitos não devem se restringir ao domínio de cada Estado, já que há um legítimo interesse internacional, o que acarretaria a relativização da soberania Estatal e o ideal de que o indivíduo deve ter direitos defendidos em âmbito internacional, na condição de sujeito de direitos. As relações entre governantes e governados,

---

(12) DIMOULIS, D.; MARTINS, L. *Teoria geral dos direitos fundamentais*. São Paulo: Atlas, 2014. p. 3.
(13) SILVA, 2003, p. 451.
(14) PIOVESAN, Flávia. *Direitos humanos e justiça internacional*: um estudo comparativo dos sistemas regionais europeu, interamericano e africano. São Paulo: Saraiva, 2013. p. 45.

Estados e cidadãos, começam a fazer parte das preocupações da comunidade internacional[15].

O caráter da historicidade decorre do fato de que eles não surgem de uma única vez, de modo que não possuem um caráter absoluto ou limitador, podendo ser proclamados em determinada época, modificar-se ou desaparecer em outra, ou ainda evoluir para outros, conforme o momento histórico e cultural e as lutas por novos direitos de liberdade.

Defendendo a historicidade dos direitos humanos, Flávia Piovesan ainda sustenta que esses direitos "não são um dado, mas um construído, uma invenção humana, em constante processo de construção e reconstrução"[16].

A inalienabilidade tem intrínseca relação com o princípio da dignidade da pessoa humana, pois assim como o homem não pode ser livre para ter ou não dignidade, também não poderá transigir com os direitos fundamentais, o que denota uma indisponibilidade dos mesmos.

Entretanto, há quem defenda que nem todos os direitos fundamentais são indisponíveis. A característica da irrenunciabilidade dos direitos fundamentais significa que, em regra, eles não podem ser renunciados pelo seu titular, em razão de possuírem uma eficácia objetiva, de modo a não importarem apenas ao sujeito ativo, mas interessarem a toda a coletividade. Gomes Canotilho afirma que, embora se admitam limitações voluntárias de direitos específicos em certas condições, não é possível a renúncia a todos os direitos fundamentais.

Ainda é importante salientar que, embora o indivíduo possa abrir mão de um direito fundamental, também poderá rever essa decisão a qualquer tempo, pois os direitos fundamentais são imprescritíveis, na medida em que são sempre exercíveis e o seu não exercício não acarreta a perda da exigibilidade pelo decurso do tempo. Isso se justifica pelo fato de que estão sempre em processo de agregação e não permitem a regressão ou eliminação dos direitos já devidamente conquistados.

Por fim, a característica da relatividade ou limitabilidade possui o seu significado no sentido de que nenhum direito fundamental poderá ser considerado absoluto, podendo ser interpretado e aplicado de acordo com os limites fáticos e jurídicos de determinado momento e frente a outros valores, inclusive outros direitos fundamentais.

Em razão da "universalidade e da ampliação dos chamados 'novos' direitos de natureza humana, objetivando precisar seu conteúdo, titularidade, efetivação

---

(15) PIOVESAN, 2013b, p. 44.
(16) PIOVESAN, 2013a, p. 181.

e sistematização", autores têm sustentado uma evolução linear e acumulativa de gerações sucessivas de direitos[17].

Os direitos fundamentais também podem ser classificados quanto a suas dimensões objetiva e subjetiva. O objetivo inicial dos direitos fundamentais era o de assegurar as liberdades individuais dos seres em sociedade, exigindo uma ação negativa do Estado. Disso decorre, portanto, seu caráter de direito subjetivo.

Para Dimoulis e Martins[18], a dimensão subjetiva corresponde, sobretudo, ao dever de prestação negativa do Estado, "trata-se da função clássica, uma vez que o seu conteúdo normativo refere-se ao direito de seu titular resistir à intervenção estatal em sua esfera de liberdade individual".

Assim, em razão das origens históricas dos direitos fundamentais, que exigia a não intervenção do Estado nas liberdades individuais, predominou durante muito tempo o entendimento de que o direito fundamental era apenas um direito subjetivo. Inobstante, com o surgimento das novas gerações de direitos fundamentais, especialmente os direitos sociais e coletivos, percebeu-se que os direitos fundamentais possuem também uma dimensão objetiva.

A dimensão objetiva dos direitos fundamentais está relacionada ao Estado Democrático de Direito, cujas Constituições democráticas assumem um sistema de valores que os direitos fundamentais revelam e positivam.

Portanto, pode-se afirmar que além do caráter subjetivo, que lhes é inerente, esses direitos possuem também uma dimensão objetiva.

Para Dimoulins e Martins, como dimensão objetiva define-se a dimensão dos direitos fundamentais, cuja percepção independe de seus titulares.

Lembra Hesse[19] que o significado objetivo dos direitos fundamentais é reconhecido "para garantias, que não contêm, em primeiro lugar, direitos individuais, ou, que em absoluto, garantem direitos individuais, não obstante estão, porém, incorporados nos catálogos de direitos fundamentais".

Em um Estado Democrático de Direito, os direitos fundamentais servem de norte para a ação dos poderes constituídos, impondo limites e servindo-lhes de diretrizes.

As dimensões, objetiva e subjetiva, revelam um binômio de poder-dever, pois impedem o legislador de restringir os direitos fundamentais e exigem, por outro lado, a edição de normas que garantam a efetivação desses mesmos direitos, exigindo

---

(17) WOLKMER, Antonio Carlos. Direitos humanos: novas dimensões e novas fundamentações. *Revista Direito em Debate*, ano X, n. 16/17, p. 11 jan./jun. 2002. Disponível em: <https://www.revistas.unijui.edu.br/index.php/revistadireitoemdebate/article/viewFile/768/490>. Acesso em: 10.5.2015.
(18) DIMOULIS; MARTINS, 2014, p. 116.
(19) HESSE, 1998, p. 228-229.

do Estado, ora condutas positivas, ora negativas, ou seja, de ação ou abstenção, respectivamente.

Ressalte-se que os direitos humanos fundamentais têm aplicabilidade imediata, não dependendo de nenhum requisito para que sejam resguardados e protegidos.

Dimoulis e Martins[20] ainda salientam quatro aspectos que pertencem à dimensão positiva e que não podem ser ignorados:

> Em primeiro lugar, os direitos fundamentais apresentam, objetivamente, o caráter de normas de competência negativa. Esse caráter não afeta a natureza básica dos direitos fundamentais enquanto direitos subjetivos. Só significa que aquilo que está sendo outorgado ao indivíduo em termos de liberdade para ação [...] em sua esfera, está sendo objetivamente retirado do Estado.
>
> [...]
>
> Em segundo lugar, fala-se da dimensão objetiva dos direitos fundamentais quando estes funcionam como critério de interpretação e configuração do direito infraconstitucional [...]. A doutrina e jurisprudência nacional referem-se muitas vezes ao princípio da interpretação conforme.
>
> [...]
>
> Em terceiro lugar há autores que consideram que a dimensão objetiva permite limitar direitos fundamentais quando isso estiver no interesse de seus titulares.
>
> [...]
>
> Finalmente, a doutrina alemã vislumbra um quarto desdobramento da dimensão objetiva dos direitos fundamentais.
>
> Trata-se do denominado dever estatal de tutela dos direitos fundamentais.

Ingo Sarlet[21] ressalta que a doutrina menciona a necessidade de o Estado agir em defesa dos direitos fundamentais com um mínimo de eficácia, contudo, não sendo "exigível uma exclusão absoluta da ameaça que se objetiva prevenir". Se é possível enxergar um dever de agir do Estado, não há como lhe impor o como agir [...] "uma pretensão individual somente poderá ser acolhida nas hipóteses em que o espaço de discricionariedade estiver reduzido a zero".

---

(20) DIMOULIS; MARTINS, 2014, p. 118-119.
(21) SARLET, Ingo Wolfgang. *A eficácia dos direitos fundamentais*, p. 193.

Esse enfoque da dimensão objetiva favorece e fortalece a atuação do Poder Judiciário que, ao se deparar com interesses contrastantes envolvendo os direitos fundamentais, dará a última palavra sobre qual interesse deverá prevalecer, devendo, para isso, efetuar um juízo de ponderação acerca dos valores envolvidos, para a tomada de decisão.

A principal finalidade dos Direitos Fundamentais é a de "conferir aos indivíduos uma posição jurídica de direito subjetivo, em sua maioria de natureza material, mas às vezes de natureza processual e, consequentemente, limitar a liberdade de atuação dos órgãos do Estado"[22].

Dimoulis e Martins ainda esclarecem que "para compreender a função dos direitos fundamentais, deve-se imaginar a relação entre o Estado e cada indivíduo como relação entre duas esferas em interação. Os direitos fundamentais garantem a autonomia da esfera individual e, ao mesmo tempo, descrevem situações nas quais um determinado tipo de contato é obrigatório"[23].

Assim, numa concepção dos direitos fundamentais como direitos subjetivos, que visam garantir a dignidade da pessoa humana, desempenham eles variadas funções na sociedade, entre as quais merecem destaque a função de defesa ou de liberdade e a função de prestação.

Segundo explanam Dimoulis e Martins[24] no final do século XIX essa inter-relação foi classificada numa teoria trialista por um doutrinador chamado Jellinek, que, embora com várias críticas, vem sendo utilizada até os dias de hoje.

É importante observar que as funções múltiplas desempenhadas pelos direitos fundamentais não permitem uma única classificação, mas, a partir da teoria dos *status* de Jellinek, que foi recebendo depurações ao longo do tempo, as espécies de direitos fundamentais mais frequentemente assinaladas são: direitos de defesa (ou direitos de liberdade) e direitos a prestação (ou direitos cívicos).

Os direitos de defesa ou de liberdade impõem ao Estado um dever de abstenção. Essa abstenção, segundo José Carlos Vieira de Andrade[25], significa dever de não interferência ou de não intromissão, respeitando-se o espaço reservado à autodeterminação do indivíduo; nessa direção, impõe-se ao Estado a abstenção de prejudicar, ou seja, o dever de respeitar os atributos que compõem a dignidade da pessoa humana.

Sobre a função de defesa dos direitos fundamentais, Gomes Canotilho[26] afirma que eles possuem dupla perspectiva, a primeira, no plano jurídico-objetivo, como

---

(22) DIMOULIS; MARTINS, 2014, p. 49.
(23) DIMOULIS; MARTINS, 2014, p. 51.
(24) DIMOULIS; MARTINS, 2014, p. 50.
(25) ANDRADE, J. C. V. *Os direitos fundamentais na Constituição Portuguesa de 1976.* Coimbra: Almedina, 1998. p. 192.
(26) GOMES CANOTILHO, 1998, p. 383.

normas de competência negativa para os poderes públicos, proibindo as ingerências na esfera individual, e a segunda, no plano jurídico-subjetivo, como poder de exercer positivamente os direitos fundamentais, bem como exigir omissões dos poderes públicos para que estes não lhe causem lesões, ou seja, liberdade positiva e negativa.

Na função de defesa, o Estado, além de estar proibido de criar obstáculos, tem o dever de proteger o exercício dos direitos fundamentais perante terceiros. Assim, cabe ao Estado procurar impedir que qualquer indivíduo tenha seu asilo violado, que ocorra violação de correspondências etc. Nesse caso, anota Gomes Canotilho[27] que: "diferentemente do que acontece com a função de prestação, o esquema relacional não se estabelece aqui entre o titular do direito fundamental e o Estado [...], mas entre o indivíduo e outros indivíduos". Trata-se de um típico dever do Estado de impedir que terceiros impossibilitem qualquer cidadão de usufruir seus direitos fundamentais.

Encontramos também, na doutrina de Alexy, alguns desdobramentos relevantes dessas funções dos direitos fundamentais.

Para a divisão dos direitos a algo, o autor utiliza como critérios a distinção entre ações negativas e ações positivas, na qual, as ações negativas, ou direitos de defesa, são divididos em três grupos.

O primeiro grupo é o dos direitos a que o Estado não impeça ou não dificulte determinadas ações do titular do direito como: locomoção, expressão de opinião, culto, reunião; o segundo, que o Estado não afete determinadas características ou situações do titular do direito como: viver e ser saudável, a inviolabilidade do domicílio; e no terceiro grupo estão os direitos a que o Estado não elimine determinadas posições jurídicas do titular do direito, que "o Estado não derrogue determinadas normas", a proibição de extinção do direito de propriedade de quem adquiriu um bem segundo as normas então vigentes[28].

Já os direitos às ações positivas, os direitos que o cidadão tem contra o Estado, Alexy[29] divide em dois grupos: os direitos a prestações fáticas e o direito a prestações normativas.

Os direitos a prestações fáticas são aqueles que dependem de uma ação positiva do Estado, como: o direito a um mínimo existencial, à pretensão individual de criação de vaga em escola, à subvenção estatal etc.

O seu objeto consiste numa utilidade concreta, que pode ser um bem ou um serviço. Os direitos a prestações normativas têm por objeto a normatização pelo Estado do bem jurídico protegido como direito fundamental, como a emissão de normas jurídicas penais, normas de organização e de procedimentos.

---

(27) GOMES CANOTILHO, 1998, p. 385.
(28) ALEXY, R. *Teoria dos direitos fundamentais.* São Paulo: Malheiros, 2008. p. 196-201.
(29) ALEXY, 2008, p. 202.

É sabido que há direitos fundamentais que dependem de normas para poderem ser exercitados, que se condicionam a outras normas que definam o seu significado e modo do seu exercício. Há direitos fundamentais que dependem de criação de estruturas organizacionais por meio de lei ou, ainda, para permitir a participação na organização e nos procedimentos estabelecidos.

Finalizando, é importante ressaltar que, para que essas funções dos direitos fundamentais possam produzir efeitos perante os seus destinatários, é preciso que o Estado atue normativamente ou criando os meios estruturais, procedimentais e econômicos necessários, ou seja, garantindo jurídica e faticamente os direitos fundamentais.

1.2. Evolução do direito previdenciário ao status de direito fundamental

Embora as diferenciações conceituais existentes entre Direitos Fundamentais e Direitos Humanos, os direitos previdenciários se equiparam a ambos, por terem relação intrínseca com o princípio da dignidade humana e também por terem previsão expressa em nosso texto constitucional e nos tratados internacionais dos quais o Brasil é signatário. Por estas razões adota-se ao longo deste trabalho a expressão direitos humanos fundamentais para expressar a importância dos direitos previdenciários que assistem aos indivíduos.

Essa relação positivada garantidora dos direitos previdenciários pode ser encontrada no Capítulo II, dos Direitos Sociais, arts. 6º, 7º e 10 da Constituição Federal da República.

CAPÍTULO II – DOS DIREITOS SOCIAIS

Art. 6º São direitos sociais a educação, a saúde, a alimentação, o trabalho, a moradia, o lazer, a segurança, **a previdência social, a proteção à maternidade e à infância, a assistência aos desamparados, na forma desta Constituição.**

Art. 7º São direitos dos trabalhadores urbanos e rurais, além de outros que visem à melhoria de sua condição social:

[...]

II – **seguro-desemprego**, em caso de desemprego involuntário;

[...]

XII – **salário-família** pago em razão do dependente do trabalhador de baixa renda nos termos da lei;

[...]

XVIII — **licença à gestante**, sem prejuízo do emprego e do salário, com a duração de cento e vinte dias;

XIX — **licença-paternidade**, nos termos fixados em lei;

[...]

XXII — **redução dos riscos** inerentes ao trabalho, por meio de normas de saúde, higiene e segurança;

[...]

XXIV — **aposentadoria**;

[...]

XXVIII — **seguro contra acidentes de trabalho**, a cargo do empregador, sem excluir a indenização a que este está obrigado, quando incorrer em dolo ou culpa;

[...]

Art. 10. É assegurada a participação dos trabalhadores e empregadores nos colegiados dos órgãos públicos em que **seus interesses profissionais ou previdenciários** sejam objeto de discussão e deliberação. (Grifo nosso)

Em muitas democracias consolidadas os direitos à seguridade social já são vistos e enquadrados como direitos constitucionais. Savaris e Strapazzon[30] citam que são assim reconhecidos por Constituições de Estados com cultura e histórias muito diferentes, como as do Brasil (1988), do Chile, da Alemanha (1947), da França (1958), da Grécia (1975), da África do Sul (1996) da Índia (1949) e do Japão (1946).

Todavia, nem sempre foi assim. O Direito Previdenciário por muito tempo foi visto como algo acessório, não sendo sequer um direito comum a todos, muito menos garantido integralmente no texto constitucional.

Para melhor compreender essa evolução do direito previdenciário é preciso aqui traçar um resumo histórico, da visão liberal ao estado social, como os chamados direitos previdenciários passaram a integrar o rol de Direitos Humanos Fundamentais.

Nos séculos XIX e início do XX vivia-se sob o regime do liberalismo, que tem como fundamento a defesa da liberdade individual nos campos econômico, político,

---

(30) SAVARIS, J. A.; STRAPAZZON, C. L. A terceira fase da seguridade social. In: ALEXY, R.; BAEZ, N. L. X.; SANDKÜHLER, H. J. (orgs.). *Níveis de efetivação dos direitos fundamentais civis e sociais*: um diálogo Brasil e Alemanha. Joaçaba: Unoesc, 2013.

religioso e intelectual. Entretanto, o liberalismo pregava uma postura ausente do Estado no campo social, gerando grande discrepância social e a insatisfação popular, que levou à crise do regime, conforme cita Paulo Bonavides: "O velho liberalismo, na estreiteza de sua formulação habitual não pôde resolver o problema essencial de ordem econômica das vastas camadas proletárias da sociedade, e por isso entrou irremediavelmente em crise"[31].

No Brasil, sob a égide do liberalismo, a economia brasileira datada do início do século XX era basicamente voltada para a exportação de grãos, principalmente o café. Com isso houve um acúmulo de capital advindo das exportações, o que resultou no consequente processo de industrialização no Brasil.

Paralelamente a esse processo, ocorreu uma grande concentração das pessoas nas cidades, a maioria imigrantes, especialmente italianos e portugueses, que serviram de mão de obra nas indústrias.

Esses operários, na época, trabalhavam sem quaisquer garantias sociais, tais como: férias, jornada de trabalho definida, pensão ou aposentadoria. Em função das péssimas condições de trabalho existentes e da falta de garantias de direitos trabalhistas, o movimento operário se organizou e realizou duas grandes greves gerais no país, nos anos de 1917 e 1919. Foi por meio desses movimentos que alguns direitos sociais restaram reconhecidos.

Em decorrência dessa grande disparidade entre as classes sociais, o Estado percebeu a iminente necessidade de interferir na economia, buscando políticas que assegurassem maior igualdade de oportunidades e de direitos entre os cidadãos.

Por convenção, entende-se a origem da Previdência Social no Brasil como política pública, com a publicação do Decreto n. 4.682, de 24.1.1923, a chamada Lei Eloy Chaves, surgindo no Brasil 40 anos depois do surgimento das primeiras legislações envolvendo Previdência Social na Alemanha.

Por meio dessa Lei foram instituídas as primeiras Caixas de Aposentadoria e Pensões de alcance nacional. A lei leva esse nome em homenagem ao Deputado Eloy Chaves, que deu origem ao projeto de lei. As premissas que fundamentavam esse Decreto estavam calcadas na previsão dos benefícios de aposentadoria por invalidez, aposentadoria ordinária (equivalente à aposentadoria por tempo de serviço), pensão por morte e assistência médica.

Conforme preleciona Marcelo Barroso[32]:

> É certo que a proteção social brasileira deixou vestígios desde o império. No século XVI, instituiu-se a Fundação da Santa Casa de Misericórdia,

---

(31) BONAVIDES, P. *Do estado liberal ao estado social*. 7. ed. São Paulo: Malheiros, 2004. p. 188.
(32) CAMPOS, M. B. L. B. *Regime próprio de previdência social dos servidores públicos*. 4. ed. Curitiba: Juruá, 2012. p. 36.

pelo Padre José de Anchieta (beneficência); no século XVII, surgiram as irmandades de Ordens Terceiras (mutualidades); no século XVIII, precisamente em 1785, estabeleceu-se o Plano de Beneficência dos Órfãos e Viúvas dos Oficiais da Marinha; no século XIX, em 1827, criou-se o meio-soldo (Montepio) do exército; em 1828, publicou a Lei Orgânica dos Municípios, que previa formas de amparo; em 1835, instituiu-se o Montepio Geral da Economia; e, ainda no século XIX, a partir de 1888, publicaram-se diversas medidas legislativas conferindo aos funcionários e empregados públicos (das estradas de ferro, da Imprensa nacional, do Ministério da Fazenda, da Marinha, da Casa da Moeda e da Alfândega do Rio de Janeiro) certas formas de proteção. Nada obstante, as referidas formas de proteção padeçam de caráter geral, sistemático e abrangente.

Ocorre que, embora todas essas experiências voltadas à proteção social tenham ocorrido, somente após o advento da Lei Eloy Chaves houve a efetiva implantação de medidas e viabilização de institutos necessários à consecução dos efeitos esperados de uma Proteção Social institucionalizada.

Firma-se nesse momento um marco histórico político em função da crescente importância dada à questão social por parte da população. E o modelo político-econômico liberal, vigente à época, começa a se sentir enfraquecido pela implantação de medidas de cunho social.

Embora inicialmente a participação do Estado seja tão somente a de elaborar diretrizes e normas, essa participação foi o suficiente para caracterizar a ruptura do sistema vigente. Nascia nesse momento uma nova visão de responsabilidade social do Estado para com os seus trabalhadores.

Note-se, entretanto, conforme explana Marcelo Barroso[33], que a acolhida constitucional de medidas previdenciárias deu-se de modo tímido, até encontrar total guarida na Constituição de 1988.

De forma cronológica, o autor cita que a primeira Constituição a adotar normas desse gênero foi a de 1824, a qual possuía um único artigo versando sobre o tema.

Já a Constituição Republicana de 1891 somente mencionava em seu texto o direito à aposentadoria por invalidez para funcionários públicos a serviço do Estado.

A Constituição de 1934, já sofrendo influência da Constituição Alemã, trouxe o primeiro modelo de proteção social existente em texto constitucional, sob o título de Ordem Econômica e Social, o qual previu um conjunto escasso de direitos direcionados tão somente ao trabalhador e à gestante.

A Constituição de 1937 repetiu esses mesmos direitos previdenciários, sob o título de Ordem Econômica.

---

(33) CAMPOS, 2012, p. 39-41.

Já a Constituição de 1946 foi a primeira a estabelecer a proteção previdenciária de forma autônoma, dissociada dos direitos trabalhistas. Foi na vigência dessa Constituição que se promulgou a Lei Orgânica da Previdência Social.

Ainda na Constituição de 1967, por meio da Emenda Constitucional n. 1/69, foram assegurados direitos previdenciários aos trabalhadores mediante a contribuição conjunta do empregado, do empregador e da União.

A Constituição Federal de 1988 institui todo um sistema de Seguridade Social. Essa nova Constituição reformula o conceito de Estado até então vivenciado, e dispõe ser o país um Estado Democrático de Direito. É certo que o Estado de Direito é um meio de coibir os abusos por parte dos governantes, além disso, como leciona Konrad Hesse: "O Estado de Direito cria, configura e garante a ordem total jurídica que, para a existência do particular como para a convivência no interior da coletividade, é indispensável"[34].

No que concerne à democracia, esta pode ser representada como a igualdade perante os cidadãos. Assim, conforme exposto, muitas vezes a liberdade não assegura a igualdade.

Nesse sentido, o Estado, dentro de uma concepção assistencialista, veio, sobretudo, tornar a sociedade mais igualitária e, para dar efetividade aos seus objetivos assistenciais adotou sistemas de estruturação da Assistência, Previdência e Saúde, que seria prestada pelo Estado.

Assim, conclui-se que a Constituição Federal de 1988 é que veio a equiparar os Direitos Previdenciários à categoria de Direitos humanos fundamentais.

A chamada Constituição Cidadã traz o conceito de que todos os seres humanos nascem livres e iguais em direitos e dignidade, sendo os direitos humanos e fundamentais inerentes à condição humana. Segundo Maria Stella Gregori, essa noção é centenária, porém quando é mais bem trabalhada pelas Nações Mundiais, reafirma todos os propósitos e princípios enunciados na Carta das Nações Unidas e na Declaração Universal dos Direitos do Homem, deixando ainda mais fortalecidas as concepções de que os direitos humanos são universais, indivisíveis, interdependentes e inter-relacionados[35].

Seguindo os rumos norteados pela Declaração Universal de Direitos Humanos de 1948, a Constituição Federal Brasileira de 1988 adotou um sistema de Seguridade Social, com intuito de proteger o cidadão social nos momentos de risco.

Desse modo, a Constituição Federal em comento trouxe em seu texto uma estrutura de proteção social chamada de Seguridade Social, que engloba Assistên-

---

(34) HESSE, 1998, p. 162.
(35) GREGORI, M. S. Artigo XXV. In: BALERA, W. *Comentários à declaração universal dos direitos humanos*. 2. ed. São Paulo: Conceito, 2011. p. 157.

cia, Previdência e Saúde, modelo esse de proteção, que será subsidiado por toda a sociedade.

Desde então, os indivíduos passaram a estar protegidos dos diversos riscos sociais, como: idade avançada, incapacidade, seja ela temporária ou permanente, gravidez, família de baixa renda, morte e reclusão penitenciária.

A partir da criação desse sistema de proteção posto no Ordenamento Jurídico, pode-se concluir que é a Seguridade Social um Direito social, garantido a todos os cidadãos pertencentes ao Estado Democrático de Direito por ela tutelado, tido como uma garantia constitucionalmente posta, refletindo, portanto, um Direito inerente ao indivíduo.

Entendendo a Seguridade Social, desse modo, como uma garantia Constitucional, logo, podemos equipará-la a um Direito Fundamental, pois, um Direito social previsto constitucionalmente é um Direito Humano positivado.

Nesse contexto dispõe Bruno Galindo:

> Todos os direitos fundamentais são direitos, mas nem todos os direitos humanos se tornam fundamentais, pois, ao contrário do que afirma Flavio Gonçalves, queremos crer que a expressão 'Direitos Fundamentais' é que tem sentido mais restrito, já que se refere, no nosso entender, apenas aos direitos humanos positivados, enquanto que a locução 'Direitos Humanos' é mais abrangente, abarcando todo e qualquer direito inerente à pessoa humana, positivado ou não.[36]

Os Direitos Fundamentais são reconhecidos universalmente como os Direitos mínimos necessários, para que um indivíduo possa se desenvolver em sociedade. Muitas vezes são tidos como sinônimos dos Direitos Humanos, no entanto, eles diferem um do outro por uma questão de amplitude.

Como bem explica Ingo Wolfgang Sarlet:

> Em que pese sejam ambos os termos ('direitos humanos' e 'direitos fundamentais') utilizados como sinônimos, a explicação corriqueira e, diga-se de passagem, procedente para a distinção é de que o termo 'direitos fundamentais' se aplica para aqueles direitos do ser humano reconhecidos e positivados na esfera do direito constitucional positivo de determinado Estado, ao passo que a expressão 'direitos humanos' guardaria com os documentos de direito internacional, por referir-se àquelas posições jurídicas que se reconhecem ao ser humano como tal, independentemente de sua vinculação com determinada ordem constitucional, e que, portanto,

---

(36) GALINDO, B. *Direitos fundamentais*. Curitiba: Juruá, 2003. p. 48-49.

aspiram à validade universal, para todos os povos e tempos, de tal sorte que revelam um inequívoco caráter supranacional (internacional).[37]

Quando se fala em Direitos Fundamentais, faz-se necessário esclarecer que eles estão divididos em quatro dimensões, delimitados historicamente pelo conteúdo axiológico que visam proteger.

No tocante aos Direitos Fundamentais de primeira dimensão, têm origem na base ideológica individualista do pensamento liberal burguês, surgindo e afirmando-se como direitos do indivíduo frente ao Estado, mais especificamente como Direitos de Defesa. Por isso, trata-se de Direitos de cunho negativo[38].

Explica-se o cunho "negativo" do direito fundamental nessa dimensão pelo fato de que nessa época havia uma total ausência de tutela do Estado em relação aos indivíduos a ele pertencentes, quando estes enfrentavam algum risco social.

Quanto aos direitos de segunda dimensão, nota-se, em contraponto à primeira dimensão, um caráter positivo do Estado, que é reflexo inicialmente da crise do Liberalismo acompanhado das doutrinas socialistas emergentes, que, ante os graves problemas sociais e econômicos do século XIX requisitaram a intervenção estatal para garantir as liberdades, agora por meio do Estado. São aqueles decorrentes das necessidades de prestações positivas do Estado, em relação ao cidadão[39].

Conclui-se, desse modo, que a preocupação com o coletivo passa a surgir dentro desse cenário do individualismo proposto anteriormente, pois, com a ascensão das doutrinas socialistas, no pós-segunda guerra, surgem os direitos de cunho prestacional e assistencial.

Já os direitos fundamentais de terceira dimensão aparecem ligados aos conceitos de humanismo e universalidade do homem, com a conjugação de valores, como solidariedade e fraternidade. Para Sarlet, dentre os direitos fundamentais de terceira dimensão mais citados, cumpre referir os direitos à paz, à autodeterminação dos povos, ao desenvolvimento, ao meio ambiente e à qualidade de vida, bem como o direito à conservação e utilização do patrimônio histórico e cultural e o direito de comunicação[40].

Por fim, surgem os direitos fundamentais de quarta geração, em uma época de globalização do neoliberalismo, momento no qual a soberania dos Estados se encontra em fase de flexibilização. Mais controversos e polêmicos que as demais fases, os direitos fundamentais de quarta dimensão geram interpretações e opiniões diversas entre os doutrinadores.

---

(37) SARLET, I. W. *A eficácia dos direitos fundamentais*. 6. ed. Porto Alegre: Livraria do Advogado, 2006. p. 35-36.
(38) SARLET, 2006, p. 56.
(39) THEODORO, M. A. Direitos *fundamentais & sua concretização*. Curitiba: Juruá, 2002. p. 29.
(40) SARLET, 2006, p. 58.

Para Bonavides, são direitos da quarta geração o direito à informação e o direito ao pluralismo. Deles depende a concretização da sociedade aberta do futuro, em sua dimensão de máxima universalidade, para a qual parece o mundo inclinar-se no plano de todas as relações de convivência[41].

Sarlet discorda de Bonavides, afirmando que a dimensão de globalização dos direitos fundamentais, como formulada pelo prof. Paulo Bonavides, está longe de obter reconhecimento no direito positivo interno e internacional, não passando, por ora, de justa e saudável esperança com relação a um futuro melhor para a sociedade, revelando, de tal sorte, sua dimensão (ainda) eminentemente profética, embora não necessariamente utópica[42].

Da análise desses modelos de Direitos Fundamentais descritos em cada dimensão, pode-se concluir que o modelo acolhido pela nossa Constituição Federal (1988), a chamada Constituição Cidadã, corresponde à estrutura desenhada pela segunda dimensão de direitos fundamentais.

Após a análise da Seguridade Social: Assistência, Saúde e Previdência como Direito Fundamental, deve-se também analisá-la em sua completude como integrante dos Direitos Humanos, também tutelados e assegurados pela Declaração Universal de Direito das Nações Unidas de 1948. O artigo a seguir transcrito corresponde especificamente ao tema objeto deste estudo:

Artigo XXV

1. Todo homem tem direito a um padrão de vida capaz de assegurar a si e a sua família saúde e bem-estar, inclusive alimentação, vestuário, habitação, cuidados médicos e os serviços sociais indispensáveis, e direito à segurança em caso de desemprego, doença, invalidez, viuvez, velhice ou outros casos de perda dos meios de subsistência em circunstâncias fora de seu controle.

2. A maternidade e a infância têm direito a cuidado e assistência especiais. Todas as crianças nascidas dentro ou fora do matrimônio gozarão da mesma proteção social.

O artigo XXV, da citada Declaração, tem como intuito preambular, discutir não apenas saúde, mas a condição total do cidadão nos momentos de risco social, ali denominados de "circunstâncias fora de controle do indivíduo".

Esse artigo da Declaração Universal de Direitos das Nações Unidas, embora sucinto e de poucas linhas, engloba um conjunto de garantias a serem viabilizadas por meio de um complexo sistema de ações protetivas ao indivíduo, e de suma importância social, que em nosso ordenamento está representado pela Seguridade Social.

---

(41) BONAVIDES, 2004, p. 571.
(42) SARLET, 2006, p. 61.

Por esse motivo, este estudo se torna tão importante, uma vez que a Seguridade Social é o instrumento máximo de viabilização dos Direitos Humanos Fundamentais necessários à proteção do indivíduo, sob a forma de prestação positiva por parte do Estado.

1.3. Fundamentalidade material dos direitos previdenciários — prestações positivas do Estado com contraprestação obrigatória dos segurados

Os direitos da seguridade social, dos quais os direitos previdenciários fazem parte, são vistos modernamente como resultado de um novo entendimento da dignidade da pessoa humana[43].

Para Daniel Machado da Rocha e José Antonio Savaris[44] a conexão existente entre o direito previdenciário e o princípio da dignidade humana é tão íntima que torna inegável sua natureza de direito humano e fundamental:

> Fundada na dignidade da pessoa humana, a Constituição da República assume como fundamentais diversos objetivos dos quais somente tem sentido falar segundo uma perspectiva que visualize a fundamentalidade dos direitos sociais, que, desde sua emergência, constituem objeto de intensos debates ideológicos. [...] Destina-se, tal direito, a concretizar o mais alto valor moral, qual seja a garantia individual de estado compatível com a dignidade da pessoa humana.

Nas palavras de Marco Aurélio Serau Júnior "a Seguridade Social compõe a constituição materialmente considerada. É elemento estruturante do Estado, particularmente uma forma de contenção do excessivo poder de alguns em detrimento dos outros, operando por meio dos inúmeros desdobramentos do princípio da solidariedade, e seu aspecto específico de redistribuição de renda, e das demais políticas públicas que lhe são pertinentes. A Seguridade Social, assim, pode e deve ser tomada por direito fundamental material"[45].

Savaris e Strapazzon[46] explicam que "muitas democracias já reconhecem a natureza fundamental dos direitos de seguridade social. São elas que aceitam os direitos humanos como direitos fundamentais para assegurar a igual liberdade de todos à igual consideração de seus interesses". Eles ainda destacam que "os Direitos

---

(43) SAVARIS; STRAPAZZON, 2013, p. 499.
(44) ROCHA, D. M.; SAVARIS, J. A. *Fundamentos de interpretação e aplicação do direito previdenciário*. Curitiba: Alteridade, 2014. p. 109.
(45) SERAU JUNIOR, M. A. *Seguridade social como direito fundamental material*. 2. ed. Curitiba: Juruá, 2011. p. 171.
(46) SAVARIS; STRAPAZZON, 2013, p. 499.

de Seguridade Social são, portanto, direitos de defesa contra riscos sociais e contra decisões públicas ou provadas de impacto regressivo"[47].

A Constituição Cidadã trouxe em seu texto a estrutura ideal de Estado Social. Conforme previsão constitucional, a Seguridade Social é um conceito amplo que engloba a Previdência Social, a Assistência Social e a Saúde (art. 194, *caput*, da CF/88). Importante não confundir os conceitos e objetivos de cada uma delas. Observe-se, também, que somente a Previdência Social é fonte de arrecadação tributária, ou seja, é a única das três que arrecada valores para a Seguridade Social, enquanto a Assistência e a Saúde apenas despendem tais verbas.

A Seguridade Social tem como principal objetivo a manutenção de um sistema de proteção social. Compete ao Poder Público, nos termos da lei, organizar a seguridade social, com base nos seguintes objetivos: I — universalidade da cobertura e do atendimento; II — uniformidade e equivalência dos benefícios e serviços às populações urbanas e rurais; III — seletividade e distributividade na prestação dos benefícios e serviços; IV — irredutibilidade do valor dos benefícios; V — equidade na forma de participação no custeio; VI — diversidade da base de financiamento; VII — caráter democrático e descentralizado da administração, mediante gestão quadripartite (e não tripartite), com participação dos trabalhadores, dos empregadores, dos aposentados e do Governo nos órgãos colegiados (art. 194 incisos e parágrafos da CF/88).

Nesse sentido bem assevera Ana Paula de Barcellos[48]:

> Pode-se concluir, portanto, que a previdência social não realiza de forma incondicional a assistência aos desamparados e, a *fortiori*, o princípio da dignidade da pessoa humana, já que, embora a filiação à previdência seja obrigatória (art. 201, *caput*), os benefícios dependerão sempre de comprovar-se a contribuição para o sistema.

Desse modo, a Previdência Social é organizada sob a forma de regime geral, de caráter contributivo e de filiação obrigatória, observados os critérios que preservem o equilíbrio financeiro e atuarial, atendendo às necessidades de seus segurados em casos de incapacidade para o trabalho, temporária ou permanente, maternidade e idade avançada. (art. 201, CF/88).

Já a Assistência Social envolve políticas públicas e ações governamentais prestadas a quem dela necessitar independentemente de contribuição à seguridade social, tendo como objetivo a proteção da família, da maternidade, da criança, do adolescente e dos idosos, ainda, a promoção da reintegração ao mercado de

---

(47) SAVARIS; STRAPAZZON, 2013, p. 500.
(48) BARCELLOS, A. P. *A eficácia jurídica dos princípios constitucionais*: o princípio da dignidade da pessoa humana. Rio de Janeiro: Renovar, 2002. p. 189.

trabalho e a garantia de um salário mínimo por pessoa idosa ou deficiente cuja família não tenha condições de subsistência (art. 203, CF/88).

Por fim, a Saúde engloba um conjunto de ações e serviços públicos, numa rede regionalizada e hierarquizada denominada de Sistema Único de Saúde. É um direito de todos e um dever do Estado independentemente de contribuição para a seguridade social. Apesar de constituir dever do Estado a Assistência à Saúde é livre à iniciativa privada (arts. 196, 197, 198 e 199, CF/88).

Savaris e Strapazzon[49] explicitam que no Brasil os princípios, estrutura, meios de realização e meios orçamentários estão na raiz do texto constitucional por uma questão de opção política:

> A Assembleia Nacional Constituinte decidiu que a Seguridade Social, no Brasil, deveria ser concebida como política de Estado, ou seja, como um sistema integrado de seguro social protegido das preferências ocasionais de governos, daí porque seus princípios, estrutura e meios de realização deveriam ter raiz no texto constitucional. [...] O texto Constitucional Brasileiro, de forma ímpar no direito comparado, estabelece regras constitutivas de reservas financeiras mínimas ancoradas em fontes de financiamentos menos vulneráveis a ciclos econômicos.

Observe-se que o legislador ordinário tratou de elencar todos os benefícios previdenciários, no corpo do texto constitucional, bem como os requisitos para sua obtenção, forma de cálculo de benefícios, comunicação entre regimes, entre outros detalhes afins, tudo isso em função da importância desses direitos num Estado Democrático de Direito.

Porém, com o passar dos anos, o que vemos é que constantes alterações em seu texto, na grande maioria das vezes, com intuito de suprimir direitos e afastar garantias, estão modificando sua estrutura fundamental e desviando-se dos objetivos traçados pelo Poder Constituinte Originário. Tais alterações de cunho político e de interesse da União, visam a diminuir gastos públicos com a Seguridade Social ou ainda, em muitos casos, garantir o uso da verba a ela destinada para outros objetivos e interesses políticos.

Nesta esteira restritiva seguem as decisões judiciais atinentes ao tema. A supervalorização de argumentos econômicos não comprovados tem obstado direitos fundamentais, colocando de lado o valor supremo do princípio da dignidade da pessoa humana, o qual deveria nortear toda subsunção do fato à norma. Todos esses elementos utilizados para a mitigação de direitos constituem os desafios deste século, no tocante à consecução dos direitos previdenciários dos segurados.

---

(49) SAVARIS; STRAPAZZON, 2013, p. 507.

Observa-se, no entanto, que o custeio do sistema previdenciário possui sua base jurídica na Constituição Federal, por meio do princípio da Contrapartida financeira. Ou seja, temos um direito fundamental atrelado a uma obrigação pecuniária obrigatória.

A Constituição Federal de 1988 trata da Ordem Social no Título VIII, a partir do seu art. 193[50]. O referido artigo trata da ordem social, na qual a seguridade está inserida. O texto constitucional determina que haverá universalidade da cobertura e atendimento nos moldes do art. 194[51], e que caberá a toda a sociedade financiar a seguridade social, na modalidade direta ou indireta, conforme previsto no art. 195[52].

O financiamento direto decorre das contribuições sociais, enquanto que o indireto das dotações orçamentárias dos entes federativos. Desse modo, podemos concluir que de fato a seguridade será financiada de modo direto ou indireto pela sociedade.

Cabe privativamente à União legislar sobre seguridade social, no entanto, cabe de forma concorrente aos Estados legislar sobre previdência, saúde e assistência, o que gera certa confusão; para Fábio Zambitte Ibrahim, a distribuição de competências é confusa, chegando a parecer contraditória. Já que previdência social e saúde integram a seguridade social, como podem ser competência privativa e concorrente ao mesmo tempo?[53].

Embora seja importante a questão da competência, em nosso estudo, vamos nos ater às normas de financiamento da seguridade e seus desdobramentos na concessão judicial de benefícios previdenciários. Desse modo, nosso foco será voltado para a Previdência Social, deixando de lado a assistência e a saúde.

Assim, o financiamento do modelo de proteção social escolhido pela Carta Magna é regido por alguns princípios fundamentais, que podem ser encontrados na literalidade dos arts. 194 e 195 da Constituição Federal, quais sejam: equidade na forma de participação no custeio, diversidade da base de financiamento e preexistência do custeio em relação ao benefício ou serviço (regra da contrapartida).

---

(50) Art. 193 da CF/88. A ordem social tem como base o primado do trabalho, e como objetivo o bem-estar e a justiça sociais.
(51) Art. 194. A seguridade social compreende um conjunto integrado de ações de iniciativa dos Poderes Públicos e da sociedade, destinadas a assegurar os direitos relativos à saúde, à previdência e à assistência social. Parágrafo único. Compete ao Poder Público, nos termos da lei, organizar a seguridade social, com base nos seguintes objetivos; I — universalidade da cobertura e do atendimento; [...] V — equidade na forma de participação no custeio; [...] VI — diversidade da base de financiamento.
(52) Art. 195 da CF/88. A seguridade social será financiada por toda a sociedade, de forma direta e indireta, nos termos da lei, mediante recursos provenientes dos orçamentos da União, dos Estados, do Distrito Federal e dos Municípios, e das seguintes contribuições sociais (Redação dada pela Emenda Constitucional n. 20, de 1998).
(53) IBRAHIM, Fábio Zambitte. *Curso de direito previdenciário*. 17. ed. Niterói: Impetus, 2012. p. 85.

É justificada a preocupação com o equilíbrio atuarial do sistema de seguridade social instituído, porém é importante observar que ele não será aplicado isoladamente, mas sempre em conjunto com a correta implementação dos direitos dos cidadãos.

Entretanto, analisando as reiteradas decisões dos Tribunais Superiores, podemos observar que tal princípio passou a ser utilizado como um limitador do Juiz no momento da prolação das decisões judiciais.

Porém, é importante firmar o entendimento de que, conforme preleciona José A. Savaris, destacando-se a relevância do princípio da precedência do custeio para a sustentabilidade do sistema de seguridade social, pretendeu-se antecipar a importante noção de que tal norma jurídica tem como destinatários os agentes responsáveis originariamente pela formulação e implementação de políticas públicas — e não o juiz responsável pela aplicação do direito[54].

Desse modo, como bem esclarece o autor citado, tal princípio da contrapartida dirige-se aos poderes competentes para a instituição de receitas e geração de despesas.

Há, portanto, na aplicação equivocada do princípio da contrapartida, uma inversão de valores hermenêuticos, que de forma brutal ferem direitos humanos fundamentais, ao obstar direitos no momento de sua consecução, impondo ao juiz que este faça, por via transversa, um controle de constitucionalidade, com a finalidade de restringir direitos constantes na letra da lei, com base na conjugação dos princípios gerais previdenciários previstos no texto constitucional.

Em outras palavras, o princípio da contraprestação foi inserido no texto constitucional com intuito de balizar a conduta do legislador ordinário, de modo exclusivo, e não a conduta dos magistrados na análise jurídica do Direito dos segurados. Inverter esta ordem de raciocínio significa, como bem salienta Savaris, dar uma aplicação perversa ao princípio:

> Essa linha de argumentação, resultado de uma interpretação perversa do princípio da precedência de custeio, é atualmente assumida pela Advocacia Geral da União — AGU que idealiza como verdadeiro o argumento de ouro a ser invocado sempre quando uma decisão judicial reconhece direitos previdenciários fora do que a legislação expressamente prevê.[55]

E perigosamente, nesse sentido, assevera Savaris, toda decisão judicial que envolva direitos previdenciários será dirimida pelo Supremo Tribunal Federal, sob

---

(54) SAVARIS, J. A. A aplicação judicial do direito da previdência social e a interpretação perversa do princípio da precedência do custeio: o argumento Alakazan. *Revista Direitos Fundamentais e Democracia*, Curitiba, v.10, n. 10, p. 292, jul./dez. 2011.
(55) SAVARIS, 2011, p. 292.

o argumento de suposta violação ao princípio da precedência de custeio. Levando à conclusão de que a análise do magistrado numa lide se resume unicamente à subsunção do fato à norma, entendimento equivocado, vez que o Direito não pode ser reduzido tão somente à normatividade jurídica.

O ordenamento jurídico que almeja justiça social exige processos dinâmicos, mas o que vemos é o engessamento da magistratura, levado a efeito por um conjunto de valores e princípios idealizados pelo Poder Executivo, os quais foram repassados ao Poder Judiciário, repetidamente, com intuito de amordaçar seus operadores com teses jurídicas vazias, tendo como plano de fundo o fantasma do desequilíbrio financeiro atuarial, chamado de Déficit Previdenciário; sob este terror todos se calam, pois ninguém quer correr o risco de ser o causador da "quebra da previdência", nem contribuir para isso.

1.4. A limitação de direitos humanos fundamentais na esfera do Poder Judiciário em face da utilização de argumentos extrajurídicos

A Análise Econômica do Direito desenvolve-se a partir da ideia da existência da racionalidade econômica da Ordem Social. Conforme preceitua André-Jean Arnaud, esse tipo de análise "cuida do emprego dos métodos de estudo da Economia no âmbito da Ciência Jurídica", nascida na década de 1960 com ênfase nos estudos de Ronald Coase e Guido Calabresi sobre os custos sociais da Lei de Responsabilidade Civil[56].

Após seu nascimento nos Estados Unidos, com grande aceitação nos países de *Commom Law,* sua acolhida nos países de tradição *Civil Law* deu-se com muita dificuldade. Assim assevera Serau Junior:

> Sua acolhida nos países vinculados à tradição da *Civil Law* deu-se com muita dificuldade, especialmente por conta da tradição e do peso da filosofia kantiana, que nega a possibilidade de os indivíduos autônomos (pessoas) serem considerados numa relação utilitarista. Igualmente em razão dos valores e ideais de justiça que se identificam como parâmetro do ordenamento jurídico.[57]

Não há dúvidas de que a análise econômica já se incorporou aos argumentos de decisões judiciais. Desse modo, podemos observar que o orçamento público

---

(56) ARNAUD, André-Jean; JUNQUEIRA, Eliane Botelho (orgs.). *Dicionário da globalização.* Rio de Janeiro: Lumen Juris, 2006. p. 281.
(57) SERAU JÚNIOR, Marco Aurélio. *Economia e seguridade social:* análise econômica do direito — seguridade social. 2. ed. Curitiba: Juruá, 2012. p. 51.

possui, além de conotação econômica, também conotação política e jurídica, tendo inclusive sido recepcionado pelo STF. Francisco Campos, o redator da Constituição de 1937, explana acerca desta questão já em meados de 1956 quando da edição de seu livro:

> O orçamento pode ser considerado do ponto de vista técnico (econômico, financeiro, administrativo), do ponto de vista político, ou da sua relação com os fins que um estado definido de consciência pública ou um estado de tensão da estrutura social impõe, em determinado momento, como aspirações inadiáveis da massa popular, quando esta, o que acontece nos regimes democráticos modernos, constitui a base do governo; finalmente, o orçamento pode ser objeto de uma questão puramente jurídica.[58]

Nesse ponto, duas ponderações precisam ser feitas. Se argumentos extrajurídicos podem obstacularizar a concretização de direitos humanos fundamentais, e, em havendo tais argumentos extrajurídicos, que tencionam impedir a consecução de direitos sociais, como devem estes ser comprovados.

A segunda ponderação parece que deve ser respondida com base na máxima processual advinda do Código de Processo Civil, em que todo fato extintivo, modificativo ou impeditivo do direito deve ser comprovado cabalmente pelo réu, em contestação ou em sede de instrução probatória.

Parece óbvio que argumentos extrajurídicos precisem ser comprovados. Não terão validade argumentativa sendo somente teses sem esteio fático ou jurídico, uma vez que, para ter o condão de obstacularizar direitos humanos fundamentais, a tese terá de ser devidamente comprovada, de modo racional, objetivo e eficiente, com argumentos e provas, capazes de esclarecer sua veracidade.

Quanto à primeira ponderação, se argumentos extrajurídicos podem obstacularizar direitos, esta hipótese só será verdadeira quando estes argumentos extrajurídicos evidenciarem que outro direito humano fundamental se encontra em risco.

O direito humano fundamental só aceita limitações, conforme vimos, quando se depara com outro direito humano fundamental. E no conflito entre esses mesmos direitos seja necessária a ponderação de valores.

No tocante aos Direitos Previdenciários, observamos que mesmo com as premissas basilares da previdência firmadas no texto Constitucional, surgem reiteradamente especulações sobre a inexistência de fonte de custeio total e desequilíbrio econômico atuarial do caixa da Previdência Social.

---

(58) CAMPOS, F. *Direito constitucional*. Rio de Janeiro: Freitas Bastos, 1956. p. 287.

Três teses são apresentadas indiscriminadamente com a finalidade de limitar direitos, as duas primeiras consistem em argumentos extrajurídicos, enquanto a terceira corresponde a preceito constitucional, são elas: o déficit do caixa da previdência social, a reserva do possível e o desrespeito ao princípio da contrapartida financeira.

Os argumentos utilizados em defesa judicial pelo Poder Público, envolvendo um suposto Déficit Previdenciário são crescentes e começaram a ganhar guarida dos tribunais, de modo avassalador e incongruente, com a aplicação muitas vezes incoerente de diversos princípios jurídicos clássicos.

A doutrina aponta que sob esse argumento não comprovado diversas Emendas foram impostas ao texto constitucional, que trataram de sufragar muitos direitos, dificultando a obtenção de alguns benefícios e trazendo, inclusive, o chamado Fator Previdenciário.

Nesse sentido expõe Melissa Folmann:

> Assim, a tela sobre a qual se desenharam as várias reformas da previdência permitiu a construção de um quadro nada acolhedor para o trabalhador da Constituição de 1988. Aquele lindo cenário foi sendo esfacelado paulatinamente, reforma após reforma, sob o fundo questionável de um déficit da previdência. O cidadão contribuinte obrigatório da previdência enquanto trabalhador descobre, a cada consulta, que seus direitos já não são mais os mesmos, de que a festejada Constituição de 1988, a Constituição Social não guarda mais similitude com o seguro social contratado pelo trabalhador que viu aquela tela.[59]

Mas as dificuldades não param por aí. Além das alterações legislativas que se recobrem sob o manto da legalidade, artigos jurídicos especializados em Direito Previdenciário também apontam decisões judiciais baseadas em argumentos extrajurídicos de caráter econômico e político, aplicados em detrimento das normas legais, princípios e garantias constitucionais.

Nesse momento, discute-se a força normativa dos preceitos constitucionais em debate, principalmente quando esta norma envolve em seu conteúdo axiológico a proteção aos direitos fundamentais. Ademais, a posição dos magistrados brasileiros denota ser este um profissional operador do Direito, jamais um ser político, motivo pelo qual ocupa função dentro do Poder Judiciário e não do Poder Executivo.

Conforme explica Guilherme Ramon Heuko, em matéria de direitos às prestações, a questão da tripartição de poderes tem especial relevância, visto que, diante

---

(59) FOLMANN, M.; FERRARO, S. A. *Previdência nos 60 anos da declaração de direitos humanos e nos 20 da constituição brasileira*. Curitiba: Juruá, 2008. p. 321.

da não atuação do legislativo e do Executivo, corre-se o risco de não atendimento dos Direitos Sociais[60].

Lógico que cabe ao magistrado o bom-senso, pois de nada adianta proferir boas sentenças se estas forem impossíveis de serem cumpridas por falta de capacidade orçamentária da União (reserva do possível). Contudo, o que se discute nesta pesquisa é que o argumento político mais utilizado pela Autarquia Previdenciária em sua defesa, o déficit previdenciário, aceito atualmente em nossos tribunais, nunca foi devidamente comprovado.

Ao contrário, existem ainda Instituições Públicas respeitáveis, como, por exemplo, a Fundação ANFIP[61], que se dedica a este estudo e comprova, por meio de relatório anual composto de documentos oficiais, que atualmente não existe déficit no caixa da Previdência Social. Seria ele um desequilíbrio futuro possível em razão da inversão da pirâmide etária dos segurados, porém ainda não existente nos dias atuais.

A tese do Déficit Previdenciário, ventilada a favor da União, dá conta de que o Estado estaria impossibilitado de cumprir as normas positivadas que garantem, protegem e promovem direitos fundamentais, em sua integralidade, em função da limitação imposta pela "reserva do possível", que seria uma expressão utilizada para identificar o fenômeno da limitação dos recursos disponíveis do Estado, para atender a toda uma gama de necessidades sociais de sua população.

O Texto constitucional seria inútil se assegurasse uma gama de direitos fundamentais e, se aliados a tais garantias, não existissem meios, principalmente orçamentários, que possibilitassem a concretização desses projetos constitucionais[62]. Exatamente por esse motivo, que o poder constituinte originário tratou de estabelecer as regras gerais de custeio do sistema de seguridade no texto constitucional.

Da análise dos textos legais, carta constitucional e normas infraconstitucionais, denota-se que os julgamentos envolvendo direitos humanos fundamentais devem sim levar em conta argumentos extrajurídicos, para o bem da sociedade e manutenção do sistema previdenciário. Todavia, tais argumentos devem ser comprovados dentro das regras inerentes ao princípio constitucional do Devido Processo Legal, que se consubstancia pela ampla defesa e contraditório.

---

(60) HEUKO, G. R. Capítulo II — direitos socais e ambientais: a efetividade e a atuação judicial na promoção dos direitos socais prestacionais. In: SAVARIS, J. A.; STRAPAZZON, C. L. *Direitos fundamentais da pessoa humana* — um diálogo latino-americano. Curitiba: Alteridade, 2012. p. 371.
(61) Associação Nacional dos Auditores-Fiscais da Receita Federal do Brasil & Fundação Anfip de Estudos da Seguridade Social. *Relatório da Previdência Social — Ano 2011*. Estudo anual. Disponível em: <http://www.anfip.org.br/publicacoes/20130619071325_Analise-da-Seguridade-Social-2012_19-06-2013_Anlise-Seguridade-2012-20130613-16h.pdf>.
(62) HEUKO, 2012, p. 368.

Argumentos extrajurídicos como Déficit e a Reserva do Possível, devem ser analisados como uma graduação da extensão de realização dos direitos sociais. Todavia, tal limitação jamais deverá ser absoluta, nem se pode com base nela promover o extermínio de direitos, pois deverá sempre ser assegurado ao cidadão um mínimo vital que assegure sua existência digna, nos moldes da Constituição de 1988[63].

---

(63) HEUKO, 2012, p. 370.

Capítulo 2

Pesquisa Empírica da Jurisprudência Previdenciária na Base de Dados do Supremo Tribunal Federal — STF

Para se atingir o intuito deste trabalho, que consiste em analisar o posicionamento da Corte Superior Constitucional Brasileira no tocante a direitos humanos fundamentais previdenciários, mister se faz a pesquisa de sua jurisprudência para bem detalhar posicionamentos e características a ela inerentes.

O método adotado na presente pesquisa foi o da revisão sistemática, utilizando-se do mecanismo de busca constante no *site* do Supremo Tribunal Federal — STF[64].

Para Epstein[65] a qualidade da pesquisa depende da forma como os pesquisadores procedem quanto à seleção de suas observações, inferências válidas requerem informações minuciosas sobre o processo de geração de dados:

> Um estudo que fornece informações insuficientes sobre o processo pelo qual os dados vieram a ser observados pelo investigador não pode ser replicado e, dessa maneira, viola a regra que articulamos no Capítulo II. Igualmente importante, ele quebra o vínculo presumido entre os fatos que temos e os fatos que gostaríamos de conhecer, e dessa forma não

---

(64) *Plataforma de busca do* site *institucional do STF*. Disponível em: <http/www.stf.jus.br/jurisprudencia>.
(65) EPSTEIN, Lee. Pesquisa empírica em direito — as regras de inferência. São Paulo: Direito GV, 2013. (Coleção acadêmica livre) 7 Mb; PDF Título original: *The rules of inference*. Vários tradutores.

tem serventia para a elaboração de inferências em torno da população. Finalmente, como explicamos abaixo, somente conhecendo o processo pelo qual eles obtiveram os dados, os pesquisadores podem determinar se algum viés aflige suas inferências.

Todos os métodos de inferência buscam conhecimento sobre um universo de dados, uma amostra de pesquisa. Mas, para que seja possível chegar a algum lugar, é necessário o conhecimento desse processo no texto da pesquisa. "Sem esse conhecimento, somos relegados a elaborar assunções teóricas injustificadas sobre fatos fáceis de conhecer e conclusões substanciais bem mais incertas do que o necessário"[66].

Assim, embora a repetição de dados e tabelas não seja usual dentro da pesquisa jurídica, ela é importante para validar o tipo de metodologia adotada, assevera Moll[67]:

> Contudo, a validade de um conhecimento está na qualidade e detalhamento da descrição do método, ou seja, com que instrumentos opera, em que fases se exerce, de quais mecanismos dispõe para controle das operações, por meio dos quais se testa, se mede, se descreve, se explica, se justifica, se fundamenta, se legitima, se constrói, se produz, se elimina, se aumenta, se diminui, se multiplica, se divide, se participa, se exclui, se inclui.

Para tanto, foi necessário definir com exatidão quais argumentos de pesquisa seriam utilizados para encontrar a amostra de pesquisa sobre a qual se operará a análise. E descrever, conforme as regras de validade da pesquisa empírica, todas as etapas utilizadas para seleção de dados e obtenção de resultados, as quais serão apresentadas em tabelas.

2.1. Argumento de pesquisa temporal

O primeiro argumento de pesquisa considerado foi o interregno de lapso temporal, que compreende os julgados a serem analisados. Considerando que o Direito Previdenciário passou a integrar o rol de Direitos Fundamentais após a promulgação da Constituição Federal de 1988, em 5.10.1988, fixa-se esta data como marco temporal inicial da pesquisa. O marco final escolhido foi 5.12.2014, momento no qual foi efetivada a busca final de ementas, que compõem esta pesquisa no *site* do STF.

---

(66) EPSTEIN, 2013, p. 146.
(67) MOLL, L. H. M. Projetos de pesquisa em direito. In: CARRION, Eduardo Kroeff Machado; MEDINA, Ranier de Souza (orgs.). *Reforma constitucional e efetividade dos direitos*. Porto Alegre: UFRGS, 2007. p. 141-176.

2.2. Argumento de pesquisa jurídico

Para o segundo argumento de pesquisa, foram tomadas como base expressões jurídicas que tinham conexão com o objeto científico que se pretendia analisar. Verificou-se que os resultados encontrados foram os seguintes (em quantidade de julgados)[68], tendo sido tomados os acórdãos e as questões de repercussão geral, conforme segue:

Tabela 1 — Argumentos Jurídicos da Pesquisa

Argumento de Pesquisa	Quantidade de julgados
Previdenciário	3031 Acórdãos — 42 Repercussões Gerais
Direito Previdenciário	900 Acórdãos — 26 Repercussões Gerais
Previdenciário + Direitos ADJ1 fundamentais	17 Acórdãos — 0 Repercussões Gerais
Previdenciário + Direitos ADJ1 humanos	4 Acórdãos — 0 Repercussões Gerais
Previdenciário + Direitos sociais	17 Acórdãos — 0 Repercussões Gerais
Previdenciário + Segurado	136 Acórdãos — 4 Repercussões Gerais
Previdenciário + Contrapartida	7 Acórdãos — 1 Repercussões Gerais
Segurado + Contrapartida	0 Acórdãos — 0 Repercussões Gerais
Previdenciário + Déficit	2 Acórdãos — 0 Repercussões Gerais
Previdenciário + Reserva do Possível	13 Acórdãos — 0 Repercussões Gerais

Considerando os recursos de pesquisa disponibilizados pelo *site* do STF, foi necessário utilizar a expressão "ADJ1" para as buscas envolvendo expressões e não apenas palavras individuais, ou seja, na busca da conjunção de "Previdenciário" com a expressão "direitos fundamentais", foi necessário redigir o argumento de pesquisa da seguinte forma: "previdenciário + direitos adj1 fundamentais". O mesmo ocorreu quando o argumento de pesquisa foi "direitos humanos". Já no caso de direitos sociais, a busca sem qualquer conector ou expressão retornou um número de julgados mais expressivo.

---

(68) RICHARDSON, Roberto Jarry. *Pesquisa social*: métodos e técnicas. Colaboradores: José Augusto Souza Peres *et al*. São Paulo: Atlas, 1999. p. 161.

A busca por argumentos amplos de pesquisa serviu para identificar o número de jurisprudência do STF que discute temas de Direito Previdenciário; entretanto, pela amplitude de suas expressões, o resultado da busca, além de numeroso, acabou por trazer também julgados muito genéricos. Tomando como exemplo o termo "previdenciário", retornaram 3.073 (três mil e setenta e três) resultados, número elevado, cuja extensão do trabalho não se adequaria aos objetivos de uma dissertação de mestrado, motivando o descarte da amostra. Do mesmo modo, usando como argumento de busca o tema "Direito Previdenciário", a resposta encontrada foi de 926 acórdãos, número este também demasiado para o tipo de pesquisa que se pretendia analisar.

Dessa forma, percebeu-se ao longo das buscas que os argumentos escolhidos deveriam ter uma relação intrínseca com o tema da pesquisa, que discute a análise do direito previdenciário como direitos humanos fundamentais. Para isso, as expressões utilizadas foram escolhidas sempre associadas ao termo "previdenciário", objetivando não saírem do foco da pesquisa. Sendo assim, o próximo argumento de busca foi "previdenciário + direitos adj1 fundamentais" (utilizado o adj1, conforme explanado anteriormente, pois sem esta ferramenta retornou zero resultado). O resultado advindo desta busca foi de apenas 17 (dezessete) julgados. A mesma pesquisa foi realizada tomando como argumento os direitos humanos com a seguinte expressão no campo de busca "previdenciário + direitos adj1 humanos", que retornou com 4 (quatro) julgados, sendo que, da mesma forma que no argumento anterior, sem o uso da ferramenta de busca "adj1" retornou zero resultado.

Observando a ineficácia da pesquisa com tais termos, passou-se a procurar a identificação do direito previdenciário com direitos sociais, e o argumento de busca utilizado passou a ser "previdenciário + direitos sociais", retornando como resultado da busca 17 (dezessete) julgados, nesse caso sem a ferramenta "adj1", pois esta, quando utilizada, retornava número menor de julgados, ao contrário do que ocorreu nos dois exemplos anteriores.

Sendo assim, ainda no intuito de filtrar os resultados advindos do termo previdenciário, foi adicionado ao argumento de pesquisa o termo "segurado", pois em virtude do objeto do estudo ser o entrelaçamento do direito previdenciário com direitos humanos e fundamentais, os julgados interessantes são aqueles que tratam diretamente do destinatário desses direitos, que no âmbito da previdência social são os seus segurados.

Essa busca, por sua vez, apresentou um conjunto com 138 (cento e trinta e oito) elementos, um resultado com quantitativo mais adequado ao tipo de pesquisa que se objetiva, do que os anteriores.

Ainda foram utilizados os argumentos: "previdenciário + contrapartida", pois o direito previdenciário, embora seja um direito humano fundamental, em nosso ordenamento jurídico prescinde de uma contraprestação financeira obrigatória. O resultado desta pesquisa retornou com 8 (oito) julgados, número bem inferior ao esperado. Nessa esteira, ainda no intuito de aliar à pesquisa o argumento da contrapartida financeira, foi realizada a pesquisa com a expressão "segurado + contrapartida", a qual indicou 0 (zero) julgado, sendo, por fim, uma hipótese descartada.

Também, considerando a temática ventilada no capítulo 1 dessa pesquisa, e que o argumento recorrente da Autarquia Previdenciária em seus recursos, para negar benefícios previdenciários, reside nos argumentos econômicos do déficit previdenciário e da reserva do possível, tais expressões foram inclusas nos argumentos de busca, sempre acompanhadas do termo previdenciário, com a finalidade já apontada de manter a pesquisa dentro do foco deste trabalho. No caso da expressão "previdenciário + déficit", o número de julgados encontrados foi 2 (dois). E da expressão "previdenciário + reserva do possível" foram 13 (treze).

Sendo assim, nesta primeira parte da pesquisa, que consiste em encontrar os argumentos de busca e identificar os resultados a serem analisados, pode-se observar que o segundo argumento foi mais aleatório do que os objetivos desta pesquisa tencionavam. Entretanto, verificando os resultados encontrados com os argumentos de pesquisa adotados, a escolha final ficou por conta do número de acórdãos necessários para uma amostra de pesquisa satisfatória.

Considerando, desse modo, que o limite acadêmico de pequenas amostras é de 33 objetos de pesquisa, e o interesse de que esta pesquisa não se enquadrasse em pequenas amostras, o quadro acima deixa tão somente 3 opções de argumentos que se enquadram no objeto tencionado:

Tabela 2 — Argumentos que resultam em quantitativo relevante para pesquisa

Argumento de Pesquisa	Quantidade de julgados
Previdenciário	3.031 Acórdãos — 42 Repercussões Gerais
Direito Previdenciário	900 Acórdãos — 26 Repercussões Gerais
Previdenciário + Segurado	**136 Acórdãos — 4 Repercussões Gerais**

As duas primeiras opções que envolvem termos amplos de busca "previdenciário" e "direito previdenciário" são muito numerosas e genéricas para a pesquisa, mas servem para mostrar um panorama geral de quantos julgados foram prolatados pelo STF no âmbito previdenciário desde a promulgação da Constituição Federal de 1988.

Contudo, tomando como base um número de objetos razoável para uma dissertação de mestrado, restou escolhido o argumento de pesquisa "previdenciário + segurado", sendo que o número de objetos leva a uma amostra inicial de 140 (cento e quarenta), suficiente para uma pesquisa jurisprudencial satisfatória, ao mesmo tempo que possibilita adentrar aos argumentos que embasam tais decisões, a fim de compreender a estrutura dos fundamentos que motivam os ministros do STF no tocante a Direitos Previdenciários.

Desse modo, encontrados os argumentos de pesquisa, passa-se a identificar efetivamente a amostra a ser analisada.

2.3. Amostra de pesquisa

Conforme explanações anteriores, verificou-se a forma de obtenção dos dados, que compõem a amostra inicial da pesquisa, definindo seus argumentos de busca. Assim, um conjunto de características e critérios foi escolhido previamente, respeitando sua relação com o direito previdenciário e sua equiparação com os direitos humanos e com os direitos fundamentais.

Pode-se afirmar que não se trata, portanto, de uma amostra probabilística, do tipo intencional ou de seleção racional. Neste tipo de amostra, os "elementos que a formam relacionam-se de modo intencional de acordo com certas características estabelecidas no plano e nas hipóteses formuladas pelo pesquisador"[69].

No caso da amostra inicial aqui selecionada, foi tomado como base todo o material disponibilizado pelo STF em sua página institucional, desde a data da promulgação da Constituição de 1988 até a data de busca dos argumentos de pesquisa, ou seja, em 5.12.2014. Assim, entende-se que o tamanho da amostra inicial, 140 (cento e quarenta) julgados, mostra-se adequado à análise pretendida, levando-se em conta as limitações decorrentes do próprio sistema de busca.

Isto é de extrema importância, pois a escolha da amostra não se faz apenas a partir da escolha de parte de um universo determinado. Faz-se necessária a inclusão de um número suficiente de casos, escolhidos de maneira não discricionária e não arbitrária, para possibilitar uma segurança estatística em relação à representatividade dos dados.

A amostra de pesquisa inicial foi reunida por meio dos mecanismos de busca disponíveis na plataforma de pesquisa de jurisprudência do STF, com base em dois argumentos de pesquisa pré-determinados, lapso temporal e expressões jurídicas adotadas.

---

(69) RICHARDSON, 1999, p. 167.

Foi possível tabelar as decisões encontradas, identificando o número do processo, a data em que ocorreu o julgamento, o órgão julgador e o ministro relator da decisão. Ainda, como se trata apenas de duas categorias de litigantes segurados e Autarquia Federal, foi possível identificar autores dos recursos, vencidos e vencedores, bem como o comportamento do Tribunal durante os julgamentos, indicando decisões tomadas por maioria ou por unanimidade.

Para os argumentos de pesquisa "previdenciário + segurado", têm-se 140 (cento e quarenta) julgados encontrados, sendo 135 acórdãos e 4 repercussões gerais, conforme segue:

Tabela 3 — Resultados encontrados com argumentos selecionados

Acórdãos

OBJETO	DATA	TIPO/N. DO JULGADO	RELATOR
1	28.10.2014	ARE 705456 AgR/RJ — RIO DE JANEIRO	Min. DIAS TOFFOLI
2	16.9.2014	RE 762467 AgR/PR — PARANÁ	Min. DIAS TOFFOLI
3	9.9.2014	ARE 734199 AgR/RS — RIO GRANDE DO SUL	Min. ROSA WEBER
4	3.9.2014	RE 631240/MG — MINAS GERAIS	Min. ROBERTO BARROSO
5	19.8.2014	ARE 746835 AgR/RS — RIO GRANDE DO SUL	Min. DIAS TOFFOLI
6	19.8.2014	RE 771577 AgR/SC — SANTA CATARINA	Min. DIAS TOFFOLI
7	12.8.2014	ARE 793709 ED/RS — RIO GRANDE DO SUL	Min. LUIZ FUX
8	5.8.2014	ARE 814207 AgR/RJ — RIO DE JANEIRO	Min. CÁRMEN LÚCIA
9	5.8.2014	RE 723005 AgR/RJ — RIO DE JANEIRO	Min. ROSA WEBER
10	10.6.2014	RE 634487 AgR/MG — MINAS GERAIS	Min. ROSA WEBER
11	27.5.2014	RE 464706 AgR/SC — SANTA CATARINA	Min. ROBERTO BARROSO
12	25.2.2014	ARE 756720 AgR/RS — RIO GRANDE DO SUL	Min. LUIZ FUX
13	11.2.2014	ARE 786211 AgR/PI — PIAUÍ	Min. CÁRMEN LÚCIA
14	4.2.2014	ARE 741422 AgR/RS — RIO GRANDE DO SUL	Min. DIAS TOFFOLI

15	4.2.2014	ARE 774760 AgR/DF — DISTRITO FEDERAL	Min. DIAS TOFFOLI
16	17.12.2013	RE 635360 AgR-ED/RS — RIO GRANDE DO SUL	Min. DIAS TOFFOLI
17	29.10.2013	ARE 736798 AgR/RS — RIO GRANDE DO SUL	Min. RICARDO LEWANDOWSKI
18	29.10.2013	ARE 754992 AgR/SP — SÃO PAULO	Min. LUIZ FUX
19	8.10.2013	ARE 718275 AgR/RS — RIO GRANDE DO SUL	Min. LUIZ FUX
20	3.9.2013	ARE 653095 AgR/DF — DISTRITO FEDERAL	Min. LUIZ FUX
21	27.8.2013	ARE 690041 AgR/RS — RIO GRANDE DO SUL	Min. LUIZ FUX
22	27.8.2013	RE 580391 AgR/SC — SANTA CATARINA	Min. TEORI ZAVASCKI
23	25.6.2013	RE 590714 AgR/PR — PARANÁ	Min. LUIZ FUX
24	18.6.2013	AI 829661 AgR/MG — MINAS GERAIS	Min. ROSA WEBER
25	28.5.2013	RE 612982 AgR/PE — PERNAMBUCO	Min. LUIZ FUX
26	30.10.2012	RE 426335 AgR-segundo/PR — PARANÁ	Min. CÁRMEN LÚCIA
27	16.10.2012	ARE 683357 ED/RS — RIO GRANDE DO SUL	Min. LUIZ FUX
28	2.10.2012	ARE 672951 ED/SC — SANTA CATARINA	Min. DIAS TOFFOLI
29	25.9.2012	RE 450314 AgR/MG — MINAS GERAIS	Min. DIAS TOFFOLI
30	25.9.2012	RE 645057 AgR/DF — DISTRITO FEDERAL	Min. LUIZ FUX
31	25.9.2012	ARE 681692 AgR/DF — DISTRITO FEDERAL	Min. CÁRMEN LÚCIA
32	18.9.2012	RE 695265 AgR/SP — SÃO PAULO	Min. LUIZ FUX
33	18.9.2012	RE 607562 AgR/PE — PERNAMBUCO	Min. LUIZ FUX
34	18.9.2012	ARE 689418 ED/RS — RIO GRANDE DO SUL	Min. LUIZ FUX

35	11.9.2012	AI 762244 AgR/MG — MINAS GERAIS	Min. LUIZ FUX
36	28.8.2012	AI 855561 AgR/RS — RIO GRANDE DO SUL	Min. LUIZ FUX
37	21.8.2012	RE 598520 AgR/SC — SANTA CATARINA	Min. MARCO AURÉLIO
38	26.6.2012	ARE 658950 AgR/DF — DISTRITO FEDERAL	Min. LUIZ FUX
39	5.6.2012	RE 607686 AgR/RS — RIO GRANDE DO SUL	Min. DIAS TOFFOLI
40	29.5.2012	AI 795612 AgR/PE — PERNAMBUCO	Min. LUIZ FUX
41	22.5.2012	AI 844425 AgR/MG — MINAS GERAIS	Min. LUIZ FUX
42	24.4.2012	RE 671628 AgR/PR — PARANÁ	Min. LUIZ FUX
43	24.4.2012	RE 596212 AgR/RS — RIO GRANDE DO SUL	Min. DIAS TOFFOLI
44	27.3.2012	RE 585919 AgR-ED/MG — MINAS GERAIS	Min. LUIZ FUX
45	27.3.2012	RE 662582 AgR/DF — DISTRITO FEDERAL	Min. LUIZ FUX
46	14.2.2012	AI 849529 AgR/SC — SANTA CATARINA	Min. LUIZ FUX
47	6.12.2011	RE 537616 AgR/PR — PARANÁ	Min. DIAS TOFFOLI
48	20.9.2011	RE 381863 AgR/RS — RIO GRANDE DO SUL	Min. DIAS TOFFOLI
49	30.8.2011	AI 808263 AgR/RS — RIO GRANDE DO SUL	Min. LUIZ FUX
50	2.8.2011	AI 818260 AgR/RS — RIO GRANDE DO SUL	Min. ELLEN GRACIE
51	21.6.2011	RE 607907 AgR/RS — RIO GRANDE DO SUL	Min. LUIZ FUX
52	15.2.2011	AI 816921 AgR/RS — RIO GRANDE DO SUL	Min. RICARDO LEWANDOWSKI
53	14.12.2010	AI 767352 AgR/SC — SANTA CATARINA	Min. ELLEN GRACIE
54	2.12.2010	AI 810744 AgR/RS — RIO GRANDE DO SUL	Min. RICARDO LEWANDOWSKI

55	23.6.2010	Rcl 6944/DF — DISTRITO FEDERAL	Min. CÁRMEN LÚCIA
56	14.4.2010	ADI 3106/MG — MINAS GERAIS	Min. EROS GRAU
57	25.8.2009	AI 732564 AgR/PE — PERNAMBUCO	Min. CÁRMEN LÚCIA
58	25.3.2009	RE 486413/SP — SÃO PAULO	Min. RICARDO LEWANDOWSKI
59	25.3.2009	RE 587365/SC — SANTA CATARINA	Min. RICARDO LEWANDOWSKI
60	10.9.2008	RE 575089/RS — RIO GRANDE DO SUL	Min. RICARDO LEWANDOWSKI
61	1º.4.2008	RE 366246 AgR/PA — PARÁ	Min. MARCO AURÉLIO
62	25.6.2007	AI 568004 AgR/PI — PIAUÍ	Min. CÁRMEN LÚCIA
63	26.4.2007	RE 478472 AgR/DF — DISTRITO FEDERAL	Min. CARLOS BRITTO
64	9.2.2007	RE 495042/AL — ALAGOAS	Min. SEPÚLVEDA PERTENCE
65	9.2.2007	RE 496473/RJ — RIO DE JANEIRO	Min. SEPÚLVEDA PERTENCE
66	9.2.2007	RE 492618/RJ — RIO DE JANEIRO	Min. SEPÚLVEDA PERTENCE
67	9.2.2007	RE 457967/SC — SANTA CATARINA	Min. SEPÚLVEDA PERTENCE
68	9.2.2007	RE 441913/PR — PARANÁ	Min. SEPÚLVEDA PERTENCE
69	9.2.2007	RE 485603/RJ — RIO DE JANEIRO	Min. SEPÚLVEDA PERTENCE
70	9.2.2007	RE 458248/PR — PARANÁ	Min. SEPÚLVEDA PERTENCE
71	9.2.2007	RE 498435/RJ — RIO DE JANEIRO	Min. SEPÚLVEDA PERTENCE
72	9.2.2007	RE 470558/RJ — RIO DE JANEIRO	Min. SEPÚLVEDA PERTENCE
73	9.2.2007	RE 487014/RJ — RIO DE JANEIRO	Min. SEPÚLVEDA PERTENCE
74	9.2.2007	RE 403335/AL — ALAGOAS	Min. SEPÚLVEDA PERTENCE
75	9.2.2007	RE 458257/PR — PARANÁ	Min. SEPÚLVEDA PERTENCE

76	9.2.2007	RE 495000/RJ — RIO DE JANEIRO	Min. SEPÚLVEDA PERTENCE
77	9.2.2007	RE 420577/SC — SANTA CATARINA	Min. SEPÚLVEDA PERTENCE
78	9.2.2007	RE 497822/SE — SERGIPE	Min. SEPÚLVEDA PERTENCE
79	9.2.2007	RE 494089/RJ — RIO DE JANEIRO	Min. SEPÚLVEDA PERTENCE
80	18.10.2005	RE 372066 AgR/RS — RIO GRANDE DO SUL	Min. SEPÚLVEDA PERTENCE
81	3.8.2005	MS 24523/DF — DISTRITO FEDERAL	Min. EROS GRAU
82	29.6.2005	CC 7204/MG — MINAS GERAIS	Min. CARLOS BRITTO
83	21.9.2004	RE 302582 AgR/SP — SÃO PAULO	Min. CARLOS BRITTO
84	1º.8.2004	RE 293246/RS — RIO GRANDE DO SUL	Min. ILMAR GALVÃO
85	1º.8.2004	RE 293246/RS — RIO GRANDE DO SUL	Min. ELLEN GRACIE
86	30.9.2003	RE 387416 AgR/MG — MINAS GERAIS	Min. ELLEN GRACIE
87	24.9.2003	RE 376846/SC — SANTA CATARINA	Min. CARLOS VELLOSO
88	10.6.2003	RE 252822 ED/RS — RIO GRANDE DO SUL	Min. ELLEN GRACIE
89	6.2.2003	ADI 1002/RO — RONDÔNIA	Min. SYDNEY SANCHES
90	2.4.2002	RE 325552 AgR/RJ — RIO DE JANEIRO	Min. MAURÍCIO CORRÊA
91	19.3.2002	RE 257569/RN — RIO GRANDE DO NORTE	Min. NÉRI DA SILVEIRA
92	7.3.2002	Rcl 1831 AgR/MS — MATO GROSSO DO SUL	Min. NÉRI DA SILVEIRA
93	21.8.2001	RE 241372/SC — SANTA CATARINA	Min. ILMAR GALVÃO
94	30.5.2001	RE 204193/RS — RIO GRANDE DO SUL	Min. CARLOS VELLOSO
95	30.5.2001	Rcl 1122/RS — RIO GRANDE DO SUL	Min. NÉRI DA SILVEIRA
96	30.5.2001	Rcl 1015/RJ — RIO DE JANEIRO	Min. NÉRI DA SILVEIRA

97	20.6.2000	RE 266927/RS — RIO GRANDE DO SUL	Min. ILMAR GALVÃO
98	18.4.2000	RE 203187 AgR/RS — RIO GRANDE DO SUL	Min. NELSON JOBIM
99	16.3.2000	ADI 2110 MC/DF — DISTRITO FEDERAL	Min. SYDNEY SANCHES
100	16.3.2000	ADI 2111 MC/DF — DISTRITO FEDERAL	Min. SYDNEY SANCHES
101	15.2.2000	RE 246257 AgR/SP — SÃO PAULO	Min. SYDNEY SANCHES
102	22.6.1999	RE 227132 AgR/RS — RIO GRANDE DO SUL	Min. MARCO AURÉLIO
103	8.6.1999	RE 228076 AgR/RS — RIO GRANDE DO SUL	Min. MARCO AURÉLIO
104	1º.10.1998	RE 228321/RS — RIO GRANDE DO SUL	Min. CARLOS VELLOSO
105	3.4.1997	SS 1149 AgR/PE — PERNAMBUCO	Min. SEPÚLVEDA PERTENCE
106	15.12.1994	RE 185997/RS — RIO GRANDE DO SUL	Min. SYDNEY SANCHES
107	15.12.1994	RE 186092/RS — RIO GRANDE DO SUL	Min. SYDNEY SANCHES
108	29.11.1994	RE 184516/RS — RIO GRANDE DO SUL	Min. SYDNEY SANCHES
109	9.8.1994	RE 168333/RS — RIO GRANDE DO SUL	Min. SYDNEY SANCHES
110	15.6.1994	ADI 1002 MC/RO — RONDÔNIA	Min. SYDNEY SANCHES
111	17.5.1994	RE 168172/RS — RIO GRANDE DO SUL	Min. SYDNEY SANCHES
112	17.5.1994	RE 164676/RS — RIO GRANDE DO SUL	Min. SYDNEY SANCHES
113	17.5.1994	RE 173888/RS — RIO GRANDE DO SUL	Min. SYDNEY SANCHES
114	17.5.1994	RE 175543/RS — RIO GRANDE DO SUL	Min. SYDNEY SANCHES
115	29.3.1994	RE 152430/SP — SÃO PAULO	Min. CARLOS VELLOSO
116	15.3.1994	RE 171511/RS — RIO GRANDE DO SUL	Min. SYDNEY SANCHES
117	22.2.1994	RE 160214/SP — SÃO PAULO	Min. CARLOS VELLOSO

118	7.12.1993	RE 165536/RS — RIO GRANDE DO SUL	Min. SYDNEY SANCHES
119	7.12.1993	RE 163334/RS — RIO GRANDE DO SUL	Min. SYDNEY SANCHES
120	7.12.1993	RE 164936/RS — RIO GRANDE DO SUL	Min. SYDNEY SANCHES
121	9.11.1993	RE 159712 AgR/SP — SÃO PAULO	Min. SYDNEY SANCHES
122	9.11.1993	RE 166335 AgR/SP — SÃO PAULO	Min. SYDNEY SANCHES
123	9.11.1993	AI 154104 AgR/SP — SÃO PAULO	Min. SYDNEY SANCHES
124	9.11.1993	RE 164729/RS — RIO GRANDE DO SUL	Min. SYDNEY SANCHES
125	9.11.1993	RE 164953/RS — RIO GRANDE DO SUL	Min. SYDNEY SANCHES
126	9.11.1993	RE 159557 AgR/SP — SÃO PAULO	Min. SYDNEY SANCHES
127	9.11.1993	RE 163056 AgR/SP — SÃO PAULO	Min. SYDNEY SANCHES
128	9.11.1993	RE 166481 AgR/SP — SÃO PAULO	Min. SYDNEY SANCHES
129	9.11.1993	RE 157035 AgR/SP — SÃO PAULO	Min. SYDNEY SANCHES
130	9.11.1993	RE 166307 AgR/SP — SÃO PAULO	Min. SYDNEY SANCHES
131	9.11.1993	RE 160206 AgR/SP — SÃO PAULO	Min. SYDNEY SANCHES
132	19.10.1993	RE 163521/RS — RIO GRANDE DO SUL	Min. SYDNEY SANCHES
133	19.10.1993	RE 168851/RS — RIO GRANDE DO SUL	Min. SYDNEY SANCHES
134	13.4.1993	AI 147452 AgR/SP — SÃO PAULO	Min. SYDNEY SANCHES
135	16.10.2013	RE 626489/SE — SERGIPE	Min. ROBERTO BARROSO

Repercussões Gerais

OBJETO	DATA	TIPO/N. DO JULGADO	RELATOR
136	27.3.2014	RE 788092 RG/RS — RIO GRANDE DO SUL	Min. DIAS TOFFOLI
137	15.11.2012	RE 639856 RG/RS — RIO GRANDE DO SUL	Min. GILMAR MENDES
138	21.10.2010	RE 630501 RG/RS — RIO GRANDE DO SUL	Min. ELLEN GRACIE
139	16.9.2010	RE 626489 RG/SE — SERGIPE	Min. AYRES BRITTO

| 140 | 4.12.2014 | ARE 664335/SC — SANTA CATARINA | Min. LUIZ FUX |

Os resultados da Tabela 3, anteriormente apresentada, correspondem à amostra inicial de pesquisa, compreendendo todas as informações retornadas na busca com os argumentos selecionados.

Para atender, no entanto, aos objetivos propostos, foi necessária uma filtragem nos resultados obtidos. Essa filtragem foi realizada por meio da leitura dos 140 (cento e quarenta) julgados, com a classificação dos temas discutidos e da área previdenciária em relevo.

Conforme explanado no capítulo 1, a Previdência no Brasil compreende três searas: o Regime Geral, o Regime Próprio e o Regime dos Militares. Sendo assim, dos 140 (cento e quarenta) julgados em apreço, foram retirados todos aqueles que não se moldam ao objetivo da pesquisa, restando tão somente os julgados que discutem e analisam direitos previdenciários atinentes ao Regime Geral da Previdência Social, o qual é gerido pela Autarquia Federal — INSS.

Tabela 4 — Classificação dos julgados quanto ao Regime Jurídico Previdenciário

OBJETO	DATA	TIPO/N. DO JULGADO	REGIME PREVIDENCIÁRIO
1	28.10.2014	ARE 705456 AgR/RJ — RIO DE JANEIRO	REGIME GERAL
2	16.9.2014	RE 762467 AgR/PR — PARANÁ	REGIME GERAL
3	9.9.2014	ARE 734199 AgR/RS — RIO GRANDE DO SUL	REGIME GERAL
4	3.9.2014	RE 631240/MG — MINAS GERAIS	REGIME GERAL
5	19.8.2014	ARE 746835 AgR/RS — RIO GRANDE DO SUL	REGIME GERAL
6	19.8.2014	RE 771577 AgR/SC — SANTA CATARINA	REGIME GERAL
7	12.8.2014	ARE 793709 ED/RS — RIO GRANDE DO SUL	REGIME GERAL
8	5.8.2014	ARE 814207 AgR/RJ — RIO DE JANEIRO	RPPS — EXCLUIR DA AMOSTRA
9	5.8.2014	RE 723005 AgR/RJ — RIO DE JANEIRO	REGIME GERAL

10	10.6.2014	RE 634487 AgR/MG — MINAS GERAIS	REGIME GERAL
11	27.5.2014	RE 464706 AgR/SC — SANTA CATARINA	REGIME GERAL
12	25.2.2014	ARE 756720 AgR/RS — RIO GRANDE DO SUL	REGIME GERAL
13	11.2.2014	ARE 786211 AgR/PI — PIAUÍ	RPPS — EXCLUIR DA AMOSTRA
14	4.2.2014	ARE 741422 AgR/RS — RIO GRANDE DO SUL	REGIME GERAL
15	4.2.2014	ARE 774760 AgR/DF — DISTRITO FEDERAL	RPPS — EXCLUIR DA AMOSTRA
16	17.12.2013	RE 635360 AgR-ED/RS — RIO GRANDE DO SUL	REGIME GERAL
17	29.10.2013	ARE 736798 AgR/RS — RIO GRANDE DO SUL	REGIME GERAL
18	29.10.2013	ARE 754992 AgR/SP — SÃO PAULO	REGIME GERAL
19	8.10.2013	ARE 718275 AgR/RS — RIO GRANDE DO SUL	REGIME GERAL
20	3.9.2013	ARE 653095 AgR/DF — DISTRITO FEDERAL	REGIME GERAL
21	27.8.2013	ARE 690041 AgR/RS — RIO GRANDE DO SUL	REGIME GERAL
22	27.8.2013	RE 580391 AgR/SC — SANTA CATARINA	REGIME GERAL
23	25.6.2013	RE 590714 AgR/PR — PARANÁ	RPPS — EXCLUIR DA AMOSTRA
24	18.6.2013	AI 829661 AgR/MG — MINAS GERAIS	REGIME GERAL
25	28.5.2013	RE 612982 AgR/PE — PERNAMBUCO	REGIME GERAL
26	30.10.2012	RE 426335 AgR-segundo/PR — PARANÁ	RPPS — EXCLUIR DA AMOSTRA
27	16.10.2012	ARE 683357 ED/RS — RIO GRANDE DO SUL	REGIME GERAL
28	2.10.2012	ARE 672951 ED/SC — SANTA CATARINA	REGIME GERAL
29	25.9.2012	RE 450314 AgR/MG — MINAS GERAIS	RPPS — EXCLUIR DA AMOSTRA

30	25.9.2012	RE 645057 AgR/DF — DISTRITO FEDERAL	RPPS — EXCLUIR DA AMOSTRA
31	25.9.2012	ARE 681692 AgR/DF — DISTRITO FEDERAL	REGIME GERAL
32	18.9.2012	RE 695265 AgR/SP — SÃO PAULO	REGIME GERAL
33	18.9.2012	RE 607562 AgR/PE — PERNAMBUCO	RPPS — EXCLUIR DA AMOSTRA
34	18.9.2012	ARE 689418 ED/RS — RIO GRANDE DO SUL	REGIME GERAL
35	11.9.2012	AI 762244 AgR/MG — MINAS GERAIS	REGIME GERAL
36	28.8.2012	AI 855561 AgR/RS — RIO GRANDE DO SUL	REGIME GERAL
37	21.8.2012	RE 598520 AgR/SC — SANTA CATARINA	REGIME GERAL
38	26.6.2012	ARE 658950 AgR/DF — DISTRITO FEDERAL	REGIME GERAL
39	5.6.2012	RE 607686 AgR/RS — RIO GRANDE DO SUL	REGIME GERAL
40	29.5.2012	AI 795612 AgR/PE — PERNAMBUCO	RPPS — EXCLUIR DA AMOSTRA
41	22.5.2012	AI 844425 AgR/MG — MINAS GERAIS	RPPS — EXCLUIR DA AMOSTRA
42	24.4.2012	RE 671628 AgR/PR — PARANÁ	REGIME GERAL
43	24.4.2012	RE 596212 AgR/RS — RIO GRANDE DO SUL	REGIME GERAL
44	27.3.2012	RE 585919 AgR-ED/MG — MINAS GERAIS	RPPS — EXCLUIR DA AMOSTRA
45	27.3.2012	RE 662582 AgR/DF — DISTRITO FEDERAL	REGIME GERAL
46	14.2.2012	AI 849529 AgR/SC — SANTA CATARINA	REGIME GERAL
47	6.12.2011	RE 537616 AgR/PR — PARANÁ	REGIME GERAL
48	20.9.2011	RE 381863 AgR/RS — RIO GRANDE DO SUL	REGIME GERAL
49	30.8.2011	AI 808263 AgR/RS — RIO GRANDE DO SUL	REGIME GERAL

50	2.8.2011	AI 818260 AgR/RS — RIO GRANDE DO SUL	REGIME GERAL
51	21.6.2011	RE 607907 AgR/RS — RIO GRANDE DO SUL	REGIME GERAL
52	15.2.2011	AI 816921 AgR/RS — RIO GRANDE DO SUL	REGIME GERAL
53	14.12.2010	AI 767352 AgR/SC — SANTA CATARINA	REGIME GERAL
54	2.12.2010	AI 810744 AgR/RS — RIO GRANDE DO SUL	REGIME GERAL
55	23.6.2010	Rcl 6944/DF — DISTRITO FEDERAL	REGIME GERAL
56	14.4.2010	ADI 3106/MG — MINAS GERAIS	RPPS — EXCLUIR DA AMOSTRA
57	25.8.2009	AI 732564 AgR/PE — PERNAMBUCO	RPPS — EXCLUIR DA AMOSTRA
58	25.3.2009	RE 486413/SP — SÃO PAULO	REGIME GERAL
59	25.3.2009	RE 587365/SC — SANTA CATARINA	REGIME GERAL
60	10.9.2008	RE 575089/RS — RIO GRANDE DO SUL	REGIME GERAL
61	1º.4.2008	RE 366246 AgR/PA — PARÁ	REGIME GERAL
62	25.6.2007	AI 568004 AgR/PI — PIAUÍ	RPPS — EXCLUIR DA AMOSTRA
63	26.4.2007	RE 478472 AgR/DF — DISTRITO FEDERAL	REGIME GERAL
64	9.2.2007	RE 495042/AL — ALAGOAS	REGIME GERAL
65	9.2.2007	RE 496473/RJ — RIO DE JANEIRO	REGIME GERAL
66	9.2.2007	RE 492618/RJ — RIO DE JANEIRO	REGIME GERAL
67	9.2.2007	RE 457967/SC — SANTA CATARINA	REGIME GERAL
68	9.2.2007	RE 441913/PR — PARANÁ	REGIME GERAL
69	9.2.2007	RE 485603/RJ — RIO DE JANEIRO	REGIME GERAL
70	9.2.2007	RE 458248/PR — PARANÁ	REGIME GERAL
71	9.2.2007	RE 498435/RJ — RIO DE JANEIRO	REGIME GERAL
72	9.2.2007	RE 470558/RJ — RIO DE JANEIRO	REGIME GERAL
73	9.2.2007	RE 487014/RJ — RIO DE JANEIRO	REGIME GERAL
74	9.2.2007	RE 403335/AL — ALAGOAS	REGIME GERAL
75	9.2.2007	RE 458257/PR — PARANÁ	REGIME GERAL

76	9.2.2007	RE 495000/RJ — RIO DE JANEIRO	REGIME GERAL
77	9.2.2007	RE 420577/SC — SANTA CATARINA	REGIME GERAL
78	9.2.2007	RE 497822/SE — SERGIPE	REGIME GERAL
79	9.2.2007	RE 494089/RJ — RIO DE JANEIRO	REGIME GERAL
80	18.10.2005	RE 372066 AgR/RS — RIO GRANDE DO SUL	REGIME GERAL
81	3.8.2005	MS 24523/DF — DISTRITO FEDERAL	RPPS — EXCLUIR DA AMOSTRA
82	29.6.2005	CC 7204/MG — MINAS GERAIS	REGIME GERAL
83	21.9.2004	RE 302582 AgR/SP — SÃO PAULO	REGIME GERAL
84	1º.8.2004	RE 293246/RS — RIO GRANDE DO SUL	REGIME GERAL
85	1º.8.2004	RE 293246/RS — RIO GRANDE DO SUL	RPPS — EXCLUIR DA AMOSTRA
86	30.9.2003	RE 387416 AgR/MG — MINAS GERAIS	RPPS — EXCLUIR DA AMOSTRA
87	24.9.2003	RE 376846/SC — SANTA CATARINA	REGIME GERAL
88	10.6.2003	RE 252822 ED/RS — RIO GRANDE DO SUL	REGIME GERAL
89	6.2.2003	ADI 1002/RO — RONDÔNIA	RPPS — EXCLUIR DA AMOSTRA
90	2.4.2002	RE 325552 AgR/RJ — RIO DE JANEIRO	RPPS — EXCLUIR DA AMOSTRA
91	19.3.2002	RE 257569/RN — RIO GRANDE DO NORTE	RPPS — EXCLUIR DA AMOSTRA
92	7.3.2002	Rcl 1831 AgR/MS — MATO GROSSO DO SUL	RPPS — EXCLUIR DA AMOSTRA
93	21.8.2001	RE 241372/SC — SANTA CATARINA	REGIME GERAL
94	30.5.2001	RE 204193/RS — RIO GRANDE DO SUL	REGIME GERAL
95	30.5.2001	Rcl 1122/RS — RIO GRANDE DO SUL	RPPS — EXCLUIR DA AMOSTRA
96	30.5.2001	Rcl 1015/RJ — RIO DE JANEIRO	REGIME GERAL
97	20.6.2000	RE 266927/RS — RIO GRANDE DO SUL	REGIME GERAL
98	18.4.2000	RE 203187 AgR/RS — RIO GRANDE DO SUL	REGIME GERAL

99	16.3.2000	ADI 2110 MC/DF — DISTRITO FEDERAL	REGIME GERAL
100	16.3.2000	ADI 2111 MC/DF — DISTRITO FEDERAL	REGIME GERAL
101	15.2.2000	RE 246257 AgR/SP — SÃO PAULO	REGIME GERAL
102	22.6.1999	RE 227132 AgR/RS — RIO GRANDE DO SUL	REGIME GERAL
103	8.6.1999	RE 228076 AgR/RS — RIO GRANDE DO SUL	REGIME GERAL
104	1º.10.1998	RE 228321/RS — RIO GRANDE DO SUL	REGIME GERAL
105	3.4.1997	SS 1149 AgR/PE — PERNAMBUCO	RPPS — EXCLUIR DA AMOSTRA
106	15.12.1994	RE 185997/RS — RIO GRANDE DO SUL	REGIME GERAL
107	15.12.1994	RE 186092/RS — RIO GRANDE DO SUL	REGIME GERAL
108	29.11.1994	RE 184516/RS — RIO GRANDE DO SUL	REGIME GERAL
109	9.8.1994	RE 168333/RS — RIO GRANDE DO SUL	REGIME GERAL
110	15.6.1994	ADI 1002 MC/RO — RONDÔNIA	RPPS — EXCLUIR DA AMOSTRA
111	17.5.1994	RE 168172/RS — RIO GRANDE DO SUL	REGIME GERAL
112	17.5.1994	RE 164676/RS — RIO GRANDE DO SUL	REGIME GERAL
113	17.5.1994	RE 173888/RS — RIO GRANDE DO SUL	REGIME GERAL
114	17.5.1994	RE 175543/RS — RIO GRANDE DO SUL	REGIME GERAL
115	29.3.1994	RE 152430/SP — SÃO PAULO	REGIME GERAL
116	15.3.1994	RE 171511/RS — RIO GRANDE DO SUL	REGIME GERAL
117	22.2.1994	RE 160214/SP — SÃO PAULO	REGIME GERAL
118	7.12.1993	RE 165536/RS — RIO GRANDE DO SUL	REGIME GERAL

119	7.12.1993	RE 163334/RS – RIO GRANDE DO SUL	REGIME GERAL
120	7.12.1993	RE 164936/RS – RIO GRANDE DO SUL	REGIME GERAL
121	9.11.1993	RE 159712 AgR/SP – SÃO PAULO	REGIME GERAL
122	9.11.1993	RE 166335 AgR/SP – SÃO PAULO	REGIME GERAL
123	9.11.1993	AI 154104 AgR/SP – SÃO PAULO	REGIME GERAL
124	9.11.1993	RE 164729/RS – RIO GRANDE DO SUL	REGIME GERAL
125	9.11.1993	RE 164953/RS – RIO GRANDE DO SUL	REGIME GERAL
126	9.11.1993	RE 159557 AgR/SP – SÃO PAULO	REGIME GERAL
127	9.11.1993	RE 163056 AgR/SP – SÃO PAULO	REGIME GERAL
128	9.11.1993	RE 166481 AgR/SP – SÃO PAULO	REGIME GERAL
129	9.11.1993	RE 157035 AgR/SP – SÃO PAULO	REGIME GERAL
130	9.11.1993	RE 166307 AgR/SP – SÃO PAULO	REGIME GERAL
131	9.11.1993	RE 160206 AgR/SP – SÃO PAULO	REGIME GERAL
132	19.10.1993	RE 163521/RS – RIO GRANDE DO SUL	REGIME GERAL
133	19.10.1993	RE 168851/RS – RIO GRANDE DO SUL	REGIME GERAL
134	13.4.1993	AI 147452 AgR/SP – SÃO PAULO	REGIME GERAL
135	16.9.2010	RE 626489.SE – SERGIPE	REGIME GERAL
136	27.3.2014	RE 788092 RG. RS RIO GRANDE DO SUL	REGIME GERAL
137	15.11.2014	RE 639856 RG.RS – RIO GRANDE DO SUL	REGIME GERAL
138	21.10.2010	RE 630501 RG.RS – RIO GRANDE DO SUL	REGIME GERAL
139	16.9.2010	RE 626489 RG.SE – SERGIPE	REGIME GERAL
140	4.12.2014	ARE 664335 SC/SANTA CATARINA	REGIME GERAL

Conforme Tabela 4, pode-se observar que dos 140 (cento e quarenta) julgados selecionados no sistema de busca da plataforma do STF, 29 representam discussões jurídicas de Regime Próprio da Previdência Social – RPPS, devendo, portanto, ser excluídos da amostra de pesquisa.

Desse modo, a amostra final da pesquisa compreende 111 (cento e onze) julgados, os quais foram prolatados no transcurso temporal de 5.10.1988 a 5.12.2014, com os argumentos de pesquisa "previdenciário + segurado".

Tendo sido excluídos todos os julgados, que não correspondiam ao Regime Geral da Previdência Social, tem-se, por fim, delimitada a amostra de pesquisa deste trabalho.

Tabela 5 — Mostra de Pesquisa Selecionada

OBJETO*	DATA	TIPO/N. DO JULGADO	RELATOR
1	28.10.2014	ARE 705456 AgR/RJ — RIO DE JANEIRO	Min. DIAS TOFFOLI
2	16.9.2014	RE 762467 AgR/PR — PARANÁ	Min. DIAS TOFFOLI
3	9.9.2014	ARE 734199 AgR/RS — RIO GRANDE DO SUL	Min. ROSA WEBER
4	3.9.2014	RE 631240/MG — MINAS GERAIS	Min. ROBERTO BARROSO
5	19.8.2014	ARE 746835 AgR/RS — RIO GRANDE DO SUL	Min. DIAS TOFFOLI
6	19.8.2014	RE 771577 AgR/SC — SANTA CATARINA	Min. DIAS TOFFOLI
7	12.8.2014	ARE 793709 ED/RS — RIO GRANDE DO SUL	Min. LUIZ FUX
9	5.8.2014	RE 723005 AgR/RJ — RIO DE JANEIRO	Min. ROSA WEBER
10	10.6.2014	RE 634487 AgR/MG — MINAS GERAIS	Min. ROSA WEBER
11	27.5.2014	RE 464706 AgR/SC — SANTA CATARINA	Min. ROBERTO BARROSO
12	25.2.2014	ARE 756720 AgR/RS — RIO GRANDE DO SUL	Min. LUIZ FUX
14	4.2.2014	ARE 741422 AgR/RS — RIO GRANDE DO SUL	Min. DIAS TOFFOLI
16	17.12.2013	RE 635360 AgR-ED/RS — RIO GRANDE DO SUL	Min. DIAS TOFFOLI
17	29.10.2013	ARE 736798 AgR/RS — RIO GRANDE DO SUL	Min. RICARDO LEWANDOWSKI
18	29.10.2013	ARE 754992 AgR/SP — SÃO PAULO	Min. LUIZ FUX

19	8.10.2013	ARE 718275 AgR/RS — RIO GRANDE DO SUL	Min. LUIZ FUX
20	3.9.2013	ARE 653095 AgR/DF — DISTRITO FEDERAL	Min. LUIZ FUX
21	27.8.2013	ARE 690041 AgR/RS — RIO GRANDE DO SUL	Min. LUIZ FUX
22	27.8.2013	RE 580391 AgR/SC — SANTA CATARINA	Min. TEORI ZAVASCKI
24	18.6.2013	AI 829661 AgR/MG — MINAS GERAIS	Min. ROSA WEBER
25	28.5.2013	RE 612982 AgR/PE — PERNAMBUCO	Min. LUIZ FUX
27	16.10.2012	ARE 683357 ED/RS — RIO GRANDE DO SUL	Min. LUIZ FUX
28	2.10.2012	ARE 672951 ED/SC — SANTA CATARINA	Min. DIAS TOFFOLI
31	25.9.2012	ARE 681692 AgR/DF — DISTRITO FEDERAL	Min. CÁRMEN LÚCIA
32	18.9.2012	RE 695265 AgR/SP — SÃO PAULO	Min. LUIZ FUX
34	18.9.2012	ARE 689418 ED/RS — RIO GRANDE DO SUL	Min. LUIZ FUX
35	11.9.2012	AI 762244 AgR/MG — MINAS GERAIS	Min. LUIZ FUX
36	28.8.2012	AI 855561 AgR/RS — RIO GRANDE DO SUL	Min. LUIZ FUX
37	21.8.2012	RE 598520 AgR/SC — SANTA CATARINA	Min. MARCO AURÉLIO
38	26.6.2012	ARE 658950 AgR/DF — DISTRITO FEDERAL	Min. LUIZ FUX
39	5.6.2012	RE 607686 AgR/RS — RIO GRANDE DO SUL	Min. DIAS TOFFOLI
42	24.4.2012	RE 671628 AgR/PR — PARANÁ	Min. LUIZ FUX
43	24.4.2012	RE 596212 AgR/RS — RIO GRANDE DO SUL	Min. DIAS TOFFOLI
46	14.2.2012	AI 849529 AgR/SC — SANTA CATARINA	Min. LUIZ FUX
47	6.12.2011	RE 537616 AgR/PR — PARANÁ	Min. DIAS TOFFOLI

48	20.9.2011	RE 381863 AgR/RS — RIO GRANDE DO SUL	Min. DIAS TOFFOLI
49	30.8.2011	AI 808263 AgR/RS — RIO GRANDE DO SUL	Min. LUIZ FUX
50	2.8.2011	AI 818260 AgR/RS — RIO GRANDE DO SUL	Min. ELLEN GRACIE
51	21.6.2011	RE 607907 AgR/RS — RIO GRANDE DO SUL	Min. LUIZ FUX
52	15.2.2011	AI 816921 AgR/RS — RIO GRANDE DO SUL	Min. RICARDO LEWANDOWSKI
53	14.12.2010	AI 767352 AgR/SC — SANTA CATARINA	Min. ELLEN GRACIE
54	2.12.2010	AI 810744 AgR/RS — RIO GRANDE DO SUL	Min. RICARDO LEWANDOWSKI
55	23.6.2010	Rcl 6944/DF — DISTRITO FEDERAL	Min. CÁRMEN LÚCIA
58	25.3.2009	RE 486413/SP — SÃO PAULO	Min. RICARDO LEWANDOWSKI
59	25.3.2009	RE 587365/SC — SANTA CATARINA	Min. RICARDO LEWANDOWSKI
60	10.9.2008	RE 575089/RS — RIO GRANDE DO SUL	Min. RICARDO LEWANDOWSKI
61	1º.4.2008	RE 366246 AgR/PA — PARÁ	Min. MARCO AURÉLIO
63	26.4.2007	RE 478472 AgR/DF — DISTRITO FEDERAL	Min. CARLOS BRITTO
64	9.2.2007	RE 495042/AL — ALAGOAS	Min. SEPÚLVEDA PERTENCE
65	9.2.2007	RE 496473/RJ — RIO DE JANEIRO	Min. SEPÚLVEDA PERTENCE
66	9.2.2007	RE 492618/RJ — RIO DE JANEIRO	Min. SEPÚLVEDA PERTENCE
67	9.2.2007	RE 457967/SC — SANTA CATARINA	Min. SEPÚLVEDA PERTENCE
68	9.2.2007	RE 441913/PR — PARANÁ	Min. SEPÚLVEDA PERTENCE
69	9.2.2007	RE 485603/RJ — RIO DE JANEIRO	Min. SEPÚLVEDA PERTENCE
70	9.2.2007	RE 458248/PR — PARANÁ	Min. SEPÚLVEDA PERTENCE

71	9.2.2007	RE 498435/RJ — RIO DE JANEIRO	Min. SEPÚLVEDA PERTENCE
72	9.2.2007	RE 470558/RJ — RIO DE JANEIRO	Min. SEPÚLVEDA PERTENCE
73	9.2.2007	RE 487014/RJ — RIO DE JANEIRO	Min. SEPÚLVEDA PERTENCE
74	9.2.2007	RE 403335/AL — ALAGOAS	Min. SEPÚLVEDA PERTENCE
75	9.2.2007	RE 458257/PR — PARANÁ	Min. SEPÚLVEDA PERTENCE
76	9.2.2007	RE 495000/RJ — RIO DE JANEIRO	Min. SEPÚLVEDA PERTENCE
77	9.2.2007	RE 420577/SC — SANTA CATARINA	Min. SEPÚLVEDA PERTENCE
78	9.2.2007	RE 497822/SE — SERGIPE	Min. SEPÚLVEDA PERTENCE
79	9.2.2007	RE 494089/RJ — RIO DE JANEIRO	Min. SEPÚLVEDA PERTENCE
80	18.10.2005	RE 372066 AgR/RS — RIO GRANDE DO SUL	Min. SEPÚLVEDA PERTENCE
82	29.6.2005	CC 7204/MG — MINAS GERAIS	Min. CARLOS BRITTO
83	21.9.2004	RE 302582 AgR/SP — SÃO PAULO	Min. CARLOS BRITTO
84	1º.8.2004	RE 293246/RS — RIO GRANDE DO SUL	Min. ILMAR GALVÃO
87	24.9.2003	RE 376846/SC — SANTA CATARINA	Min. CARLOS VELLOSO
88	10.6.2003	RE 252822 ED/RS — RIO GRANDE DO SUL	Min. ELLEN GRACIE
93	21.8.2001	RE 241372/SC — SANTA CATARINA	Min. ILMAR GALVÃO
94	30.5.2001	RE 204193/RS — RIO GRANDE DO SUL	Min. CARLOS VELLOSO
96	30.5.2001	Rcl 1015/RJ — RIO DE JANEIRO	Min. NÉRI DA SILVEIRA
97	20.6.2000	RE 266927/RS — RIO GRANDE DO SUL	Min. ILMAR GALVÃO
98	18.4.2000	RE 203187 AgR/RS — RIO GRANDE DO SUL	Min. NELSON JOBIM
99	16.3.2000	ADI 2110 MC/DF — DISTRITO FEDERAL	Min. SYDNEY SANCHES

100	16.3.2000	ADI 2111 MC/DF — DISTRITO FEDERAL	Min. SYDNEY SANCHES
101	15.2.2000	RE 246257 AgR/SP — SÃO PAULO	Min. SYDNEY SANCHES
102	22.6.1999	RE 227132 AgR/RS — RIO GRANDE DO SUL	Min. MARCO AURÉLIO
103	8.6.1999	RE 228076 AgR/RS — RIO GRANDE DO SUL	Min. MARCO AURÉLIO
104	1º.10.1998	RE 228321/RS — RIO GRANDE DO SUL	Min. CARLOS VELLOSO
106	15.12.1994	RE 185997/RS — RIO GRANDE DO SUL	Min. SYDNEY SANCHES
107	15.12.1994	RE 186092/RS — RIO GRANDE DO SUL	Min. SYDNEY SANCHES
108	29.11.1994	RE 184516/RS — RIO GRANDE DO SUL	Min. SYDNEY SANCHES
109	9.8.1994	RE 168333/RS — RIO GRANDE DO SUL	Min. SYDNEY SANCHES
111	17.5.1994	RE 168172/RS — RIO GRANDE DO SUL	Min. SYDNEY SANCHES
112	17.5.1994	RE 164676/RS — RIO GRANDE DO SUL	Min. SYDNEY SANCHES
113	17.5.1994	RE 173888/RS — RIO GRANDE DO SUL	Min. SYDNEY SANCHES
114	17.5.1994	RE 175543/RS — RIO GRANDE DO SUL	Min. SYDNEY SANCHES
115	29.3.1994	RE 152430/SP — SÃO PAULO	Min. CARLOS VELLOSO
116	15.3.1994	RE 171511/RS — RIO GRANDE DO SUL	Min. SYDNEY SANCHES
117	22.2.1994	RE 160214/SP — SÃO PAULO	Min. CARLOS VELLOSO
118	7.12.1993	RE 165536/RS — RIO GRANDE DO SUL	Min. SYDNEY SANCHES
119	7.12.1993	RE 163334/RS — RIO GRANDE DO SUL	Min. SYDNEY SANCHES
120	7.12.1993	RE 164936/RS — RIO GRANDE DO SUL	Min. SYDNEY SANCHES
121	9.11.1993	RE 159712 AgR/SP — SÃO PAULO	Min. SYDNEY SANCHES
122	9.11.1993	RE 166335 AgR/SP — SÃO PAULO	Min. SYDNEY SANCHES

123	9.11.1993	AI 154104 AgR/SP — SÃO PAULO	Min. SYDNEY SANCHES
124	9.11.1993	RE 164729/RS — RIO GRANDE DO SUL	Min. SYDNEY SANCHES
125	9.11.1993	RE 164953/RS — RIO GRANDE DO SUL	Min. SYDNEY SANCHES
126	9.11.1993	RE 159557 AgR/SP — SÃO PAULO	Min. SYDNEY SANCHES
127	9.11.1993	RE 163056 AgR/SP — SÃO PAULO	Min. SYDNEY SANCHES
128	9.11.1993	RE 166481 AgR/SP — SÃO PAULO	Min. SYDNEY SANCHES
129	9.11.1993	RE 157035 AgR/SP — SÃO PAULO	Min. SYDNEY SANCHES
130	9.11.1993	RE 166307 AgR/SP — SÃO PAULO	Min. SYDNEY SANCHES
131	9.11.1993	RE 160206 AgR/SP — SÃO PAULO	Min. SYDNEY SANCHES
132	19.10.1993	RE 163521/RS — RIO GRANDE DO SUL	Min. SYDNEY SANCHES
133	19.10.1993	RE 168851/RS — RIO GRANDE DO SUL	Min. SYDNEY SANCHES
134	13.4.1993	AI 147452 AgR/SP — SÃO PAULO	Min. SYDNEY SANCHES
135	27.3.2014	RE 788092 RG/RS — RIO GRANDE DO SUL	Min. DIAS TOFFOLI
136	15.11.2012	RE 639856 RG/RS — RIO GRANDE DO SUL	Min. GILMAR MENDES
137	21.10.2010	RE 630501 RG/RS — RIO GRANDE DO SUL	Min. ELLEN GRACIE
138	16.9.2013	RE 626489 RG/SE — SERGIPE	Min. AYRES BRITTO
139	16.10.2013	RE 626489/SE — SERGIPE	Min. ROBERTO BARROSO
140	4.12.2014	ARE 664335/SC — SANTA CATARINA	Min. LUIZ FUX

* Foi mantida a numeração do objeto de acordo com a numeração originária que ele ocupou em todas as tabelas.

Assim, de posse dos dados que compõem a amostra de pesquisa, foram analisadas as informações advindas destes.

O primeiro passo foi estabelecer padrões existentes entre os dados de nossa amostra, dividindo os julgados em temas de discussão.

Os temas de discussão dos julgados exprimem o núcleo central da problemática debatida no caso. Isso quer dizer que, embora um determinado processo trate, por exemplo, do pedido de concessão de um benefício previdenciário, mas o cerne da discussão seja processual, este foi agrupado ao tema processual, pois a pesquisa objetiva perquirir a verdade real estatística dos julgados e não a verdade formal veiculada no tipo de ação proposta conforme dados do *site*.

A Tabela 6 indica o tema central de cada julgado, enquanto a 7 indica a reincidência de cada um em porcentagem dentro do universo pesquisado.

Tabela 6 — Temas de discussão da amostra de pesquisa

OBJETO*	DATA	TIPO/N. DO JULGADO	RELATOR	TEMA DO JULGADO
1	28.10.2014	ARE 705456 AgR/ RJ — RIO DE JANEIRO	Min. DIAS TOFFOLI	DTO. AO MELHOR BENEFÍCIO
2	16.9.2014	RE 762467 AgR/ PR — PARANÁ	Min. DIAS TOFFOLI	NEG. REAJUSTE SALÁRIO DE MANUTENÇÃO
3	9.9.2014	ARE 734199 AgR/ RS — RIO GRANDE DO SUL	Min. ROSA WEBER	NÃO DEVOLUÇÃO VALORES BOA-FÉ
4	3.9.2014	RE 631240/MG — MINAS GERAIS	Min. ROBERTO BARROSO	OBRIG. PRÉVIO REQUERIMENTO ADM.
5	19.8.2014	ARE 746835 AgR/ RS — RIO GRANDE DO SUL	Min. DIAS TOFFOLI	CÔMPUTO AUX.--DOENÇA CARÊNCIA E TEMPO
6	19.8.2014	RE 771577 AgR/ SC — SANTA CATARINA	Min. DIAS TOFFOLI	CÔMPUTO AUX.--DOENÇA CARÊNCIA E TEMPO
7	12.8.2014	ARE 793709 ED/ RS — RIO GRANDE DO SUL	Min. LUIZ FUX	MATÉRIA INFRA-CONSTITUCIONAL
9	5.8.2014	RE 723005 AgR/RJ — RIO DE JANEIRO	Min. ROSA WEBER	PROCESSUAL. COMPÊTENCIA DELEGADA
10	10.6.2014	RE 634487 AgR/ MG — MINAS GERAIS	Min. ROSA WEBER	MATÉRIA INFRA-CONSTITUCIONAL
11	27.5.2014	RE 464706 AgR/ SC — SANTA CATARINA	Min. ROBERTO BARROSO	MATÉRIA INFRA-CONSTITUCIONAL

12	25.2.2014	ARE 756720 AgR/RS — RIO GRANDE DO SUL	Min. LUIZ FUX	AFASTAR FATOR PREVIDENCIÁRIO
14	4.2.2014	ARE 741422 AgR/RS — RIO GRANDE DO SUL	Min. DIAS TOFFOLI	MATÉRIA INFRA-CONSTITUCIONAL
16	17.12.2013	RE 635360 AgR-ED/RS — RIO GRANDE DO SUL	Min. DIAS TOFFOLI	PROCESSUAL. APLICAR DECISÃO REPERCUSSÃO GERAL
17	29.10.2013	ARE 736798 AgR/RS — RIO GRANDE DO SUL	Min. RICARDO LEWANDOWSKI	DTO. AO MELHOR BENEFÍCIO
18	29.10.2013	ARE 754992 AgR/SP — SÃO PAULO	Min. LUIZ FUX	MATÉRIA INFRA-CONSTITUCIONAL
19	8.10.2013	ARE 718275 AgR/RS — RIO GRANDE DO SUL	Min. LUIZ FUX	MATÉRIA INFRA-CONSTITUCIONAL
20	3.9.2013	ARE 653095 AgR/DF — DISTRITO FEDERAL	Min. LUIZ FUX	NÃO DEVOLUÇÃO DE VALORES BOA-FÉ
21	27.8.2013	ARE 690041 AgR/RS — RIO GRANDE DO SUL	Min. LUIZ FUX	MATÉRIA INFRA-CONSTITUCIONAL
22	27.8.2013	RE 580391 AgR/SC — SANTA CATARINA	Min. TEORI ZAVASCKI	CRITÉRIO BAIXA RENDA AUXÍLIO-RECLUSÃO
24	18.6.2013	AI 829661 AgR/MG — MINAS GERAIS	Min. ROSA WEBER	NÃO DEVOLUÇÃO DE VALORES BOA-FÉ
25	28.5.2013	RE 612982 AgR/PE — PERNAMBUCO	Min. LUIZ FUX	APLICAÇÃO LEI MAIS BENÉFICA
27	16.10.2012	ARE 683357 ED/RS — RIO GRANDE DO SUL	Min. LUIZ FUX	AFASTAR FATOR PREVIDENCIÁRIO
28	2.10.2012	ARE 672951 ED/SC — SANTA CATARINA	Min. DIAS TOFFOLI	PROCESSUAL. AUSÊNCIA DE PRE-QUESTIONAMENTO
31	25.9.2012	ARE 681692 AgR/DF — DISTRITO FEDERAL	Min. CÁRMEN LÚCIA	CRITÉRIO BAIXA RENDA AUXÍLIO-RECLUSÃO

32	18.9.2012	RE 695265 AgR/ SP — SÃO PAULO	Min. LUIZ FUX	MATÉRIA INFRA-CONSTITUCIONAL
34	18.9.2012	ARE 689418 ED/ RS — RIO GRANDE DO SUL	Min. LUIZ FUX	PROCESSUAL. DECADÊNCIA — MATÉRIA INFRACONSTITUCIONAL
35	11.9.2012	AI 762244 AgR/ MG — MINAS GERAIS	Min. LUIZ FUX	MATÉRIA INFRA-CONSTITUCIONAL
36	28.8.2012	AI 855561 AgR/ RS — RIO GRANDE DO SUL	Min. LUIZ FUX	PROCESSUAL. FALTA DE FUNDAMENTAÇÃO NO RECURSO
37	21.8.2012	RE 598520 AgR/ SC — SANTA CATARINA	Min. MARCO AURÉLIO	*TEMPUS REGIT ACTUM*
38	26.6.2012	ARE 658950 AgR/ DF — DISTRITO FEDERAL	Min. LUIZ FUX	NÃO DEVOLUÇÃO DE VALORES BOA-FÉ
39	5.6.2012	RE 607686 AgR/ RS — RIO GRANDE DO SUL	Min. DIAS TOFFOLI	MATÉRIA INFRA-CONSTITUCIONAL
42	24.4.2012	RE 671628 AgR/ PR — PARANÁ	Min. LUIZ FUX	DTO. ADQUIRIDO *TEMPUS REGIT ACTUM*
43	24.4.2012	RE 596212 AgR/ RS — RIO GRANDE DO SUL	Min. DIAS TOFFOLI	NÃO DEVOLUÇÃO DE VALORES BOA-FÉ
46	14.2.2012	AI 849529 AgR/ SC — SANTA CATARINA	Min. LUIZ FUX	NÃO DEVOLUÇÃO DE VALORES BOA-FÉ
47	6.12.2011	RE 537616 AgR/ PR — PARANÁ	Min. DIAS TOFFOLI	MATÉRIA INFRA-CONSTITUCIONAL
48	20.9.2011	RE 381863 AgR/ RS — RIO GRANDE DO SUL	Min. DIAS TOFFOLI	*TEMPUS REGIT ACTUM*
49	30.8.2011	AI 808263 AgR/ RS — RIO GRANDE DO SUL	Min. LUIZ FUX	NÃO DEVOLUÇÃO DE VALORES BOA-FÉ

50	2.8.2011	AI 818260 AgR/ RS — RIO GRANDE DO SUL	Min. ELLEN GRACIE	NÃO DEVOLUÇÃO DE VALORES BOA-FÉ
51	21.6.2011	RE 607907 AgR/ RS — RIO GRANDE DO SUL	Min. LUIZ FUX	ISONOMIA DE GÊNERO
52	15.2.2011	AI 816921 AgR/ RS — RIO GRANDE DO SUL	Min. RICARDO LEWANDOWSKI	*TEMPUS REGIT ACTUM*
53	14.12.2010	AI 767352 AgR/ SC — SANTA CATARINA	Min. ELLEN GRACIE	CRITÉRIO BAIXA RENDA AUXÍLIO-RECLUSÃO
54	2.12.2010	AI 810744 AgR/ RS — RIO GRANDE DO SUL	Min. RICARDO LEWANDOWSKI	NÃO RETROAÇÃO REGRA DE CÁLCULO
55	23.6.2010	Rcl 6944/DF — DISTRITO FEDERAL	Min. CÁRMEN LÚCIA	PROCESSUAL
58	25.3.2009	RE 486413/SP — SÃO PAULO	Min. RICARDO LEWANDOWSKI	CRITÉRIO BAIXA RENDA AUXÍLIO-RECLUSÃO
59	25.3.2009	RE 587365/SC — SANTA CATARINA	Min. RICARDO LEWANDOWSKI	CRITÉRIO BAIXA RENDA AUXÍLIO-RECLUSÃO
60	10.9.2008	RE 575089/RS — RIO GRANDE DO SUL	Min. RICARDO LEWANDOWSKI	NÃO RETROAÇÃO REGRA DE CÁLCULO
61	1º.4.2008	RE 366246 AgR/ PA — PARÁ	Min. MARCO AURÉLIO	APLICAÇÃO LEI MAIS BENÉFICA
63	26.4.2007	RE 478472 AgR/ DF — DISTRITO FEDERAL	Min. CARLOS BRITTO	COMPÊTENCIA ACIDENTÁRIA ORIGINÁRIA
64	9.2.2007	RE 495042/AL — ALAGOAS	Min. SEPÚLVEDA PERTENCE	REVISÃO — *VIGE TEMPUS REGIT ACTUM*
65	9.2.2007	RE 496473/RJ — RIO DE JANEIRO	Min. SEPÚLVEDA PERTENCE	REVISÃO — *VIGE TEMPUS REGIT ACTUM*
66	9.2.2007	RE 492618/RJ — RIO DE JANEIRO	Min. SEPÚLVEDA PERTENCE	REVISÃO — *VIGE TEMPUS REGIT ACTUM*

67	9.2.2007	RE 457967/SC — SANTA CATARINA	Min. SEPÚLVEDA PERTENCE	REVISÃO — *VIGE TEMPUS REGIT ACTUM*
68	9.2.2007	RE 441913/PR — PARANÁ	Min. SEPÚLVEDA PERTENCE	REVISÃO — *VIGE TEMPUS REGIT ACTUM*
69	9.2.2007	RE 485603/RJ — RIO DE JANEIRO	Min. SEPÚLVEDA PERTENCE	REVISÃO — *VIGE TEMPUS REGIT ACTUM*
70	9.2.2007	RE 458248/PR — PARANÁ	Min. SEPÚLVEDA PERTENCE	REVISÃO — *VIGE TEMPUS REGIT ACTUM*
71	9.2.2007	RE 498435/RJ — RIO DE JANEIRO	Min. SEPÚLVEDA PERTENCE	REVISÃO — *VIGE TEMPUS REGIT ACTUM*
72	9.2.2007	RE 470558/RJ — RIO DE JANEIRO	Min. SEPÚLVEDA PERTENCE	REVISÃO — *VIGE TEMPUS REGIT ACTUM*
73	9.2.2007	RE 487014/RJ — RIO DE JANEIRO	Min. SEPÚLVEDA PERTENCE	REVISÃO — *VIGE TEMPUS REGIT ACTUM*
74	92.2007	RE 403335/AL — ALAGOAS	Min. SEPÚLVEDA PERTENCE	REVISÃO — *VIGE TEMPUS REGIT ACTUM*
75	9.2.2007	RE 458257/PR — PARANÁ	Min. SEPÚLVEDA PERTENCE	REVISÃO — *VIGE TEMPUS REGIT ACTUM*
76	9.2.2007	RE 495000/RJ — RIO DE JANEIRO	Min. SEPÚLVEDA PERTENCE	REVISÃO — *VIGE TEMPUS REGIT ACTUM*
77	9.2.2007	RE 420577/SC — SANTA CATARINA	Min. SEPÚLVEDA PERTENCE	REVISÃO — *VIGE TEMPUS REGIT ACTUM*
78	9.2.2007	RE 497822/SE — SERGIPE	Min. SEPÚLVEDA PERTENCE	REVISÃO — *VIGE TEMPUS REGIT ACTUM*
79	9.2.2007	RE 494089/RJ — RIO DE JANEIRO	Min. SEPÚLVEDA PERTENCE	REVISÃO — *VIGE TEMPUS REGIT ACTUM*
80	18.10.2005	RE 372066 AgR/ RS — RIO GRANDE DO SUL	Min. SEPÚLVEDA PERTENCE	REVISÃO — *VIGE TEMPUS REGIT ACTUM*

82	29.6.2005	CC 7204/MG — MINAS GERAIS	Min. CARLOS BRITTO	PROCESSUAL. CONFLITO DE COMPETÊNCIA
83	21.9.2004	RE 302582 AgR/ SP — SÃO PAULO	Min. CARLOS BRITTO	APLICAÇÃO LEI MAIS BENÉFICA
84	1º.8.2004	RE 293246/RS — RIO GRANDE DO SUL	Min. ILMAR GALVÃO	PROCESSUAL COMPÊTENCIA DELEGADA
87	24.9.2003	RE 376846/SC — SANTA CATARINA	Min. CARLOS VELLOSO	REAJUSTE IGPDI PELO INPC
88	10.6.2003	RE 252822 ED/ RS — RIO GRANDE DO SUL	Min. ELLEN GRACIE	PENSÃO POR MORTE HOMEM
93	21.8.2001	RE 241372/SC — SANTA CATARINA	Min. ILMAR GALVÃO	EQUIPARAÇÃO SALÁRIO SERVIDORES DA ATIVA
94	30.5.2001	RE 204193/RS — RIO GRANDE DO SUL	Min. CARLOS VELLOSO	PENSÃO POR MORTE HOMEM
96	30.5.2001	Rcl 1015/RJ — RIO DE JANEIRO	Min. NÉRI DA SILVEIRA	PROCESSUAL
97	20.6.2000	RE 266927/RS — RIO GRANDE DO SUL	Min. ILMAR GALVÃO	REVISÃO DO TETO
98	18.4.2000	RE 203187 AgR/ RS — RIO GRANDE DO SUL	Min. NELSON JOBIM	MATÉRIA INFRA-CONSTITUCIONAL
99	16.3.2000	ADI 2110 MC/ DF — DISTRITO FEDERAL	Min. SYDNEY SANCHES	ADI
100	16.3.2000	ADI 2111 MC/ DF — DISTRITO FEDERAL	Min. SYDNEY SANCHES	ADI
101	15.2.2000	RE 246257 AgR/ SP — SÃO PAULO	Min. SYDNEY SANCHES	CONTRIBUIÇÃO PESSOA FÍSICA
102	22.6.1999	RE 227132 AgR/ RS — RIO GRANDE DO SUL	Min. MARCO AURÉLIO	PROCESSUAL. COMPÊTENCIA ORIGINÁRIA

103	8.6.1999	RE 228076 AgR/RS — RIO GRANDE DO SUL	Min. MARCO AURÉLIO	PROCESSUAL. COMPÊTENCIA ORIGINÁRIA
104	1º.10.1998	RE 228321/RS — RIO GRANDE DO SUL	Min. CARLOS VELLOSO	CONTRIBUIÇÃO SOCIAL EMPRESÁRIO
106	15.12.1994	RE 185997/RS — RIO GRANDE DO SUL	Min. SYDNEY SANCHES	GARANTIA SALÁRIO MÍNIMO ABONO
107	15.12.1994	RE 186092/RS — RIO GRANDE DO SUL	Min. SYDNEY SANCHES	GARANTIA SALÁRIO MÍNIMO ABONO
108	29.11.1994	RE 184516/RS — RIO GRANDE DO SUL	Min. SYDNEY SANCHES	GARANTIA SALÁRIO MÍNIMO ABONO
109	9.8.1994	RE 168333/RS — RIO GRANDE DO SUL	Min. SYDNEY SANCHES	GARANTIA SALÁRIO MÍNIMO ABONO
111	17.5.1994	RE 168172/RS — RIO GRANDE DO SUL	Min. SYDNEY SANCHES	GARANTIA SALÁRIO MÍNIMO ABONO
112	17.5.1994	RE 164676/RS — RIO GRANDE DO SUL	Min. SYDNEY SANCHES	GARANTIA SALÁRIO MÍNIMO ABONO
113	17.5.1994	RE 173888/RS — RIO GRANDE DO SUL	Min. SYDNEY SANCHES	GARANTIA SALÁRIO MÍNIMO ABONO
114	17.5.1994	RE 175543/RS — RIO GRANDE DO SUL	Min. SYDNEY SANCHES	GARANTIA SALÁRIO MÍNIMO ABONO
115	29.3.1994	RE 152430/SP — SÃO PAULO	Min. CARLOS VELLOSO	NORMAS EFICÁCIA PLENA
116	15.3.1994	RE 171511/RS — RIO GRANDE DO SUL	Min. SYDNEY SANCHES	GARANTIA SALÁRIO MÍNIMO ABONO
117	22.2.1994	RE 160214/SP — SÃO PAULO	Min. CARLOS VELLOSO	NORMAS EFICÁCIA PLENA
118	7.12.1993	RE 165536/RS — RIO GRANDE DO SUL	Min. SYDNEY SANCHES	NORMAS EFICÁCIA PLENA

119	7.12.1993	RE 163334/RS — RIO GRANDE DO SUL	Min. SYDNEY SANCHES	NORMAS EFICÁCIA PLENA
120	7.12.1993	RE 164936/RS — RIO GRANDE DO SUL	Min. SYDNEY SANCHES	NORMAS EFICÁCIA PLENA
121	9.11.1993	RE 159712 AgR/SP — SÃO PAULO	Min. SYDNEY SANCHES	NORMAS EFICÁCIA PLENA
122	9.11.1993	RE 166335 AgR/SP — SÃO PAULO	Min. SYDNEY SANCHES	NORMAS EFICÁCIA PLENA
123	9.11.1993	AI 154104 AgR/SP — SÃO PAULO	Min. SYDNEY SANCHES	NORMAS EFICÁCIA PLENA
124	9.11.1993	RE 164729/RS — RIO GRANDE DO SUL	Min. SYDNEY SANCHES	NORMAS EFICÁCIA PLENA
125	9.11.1993	RE 164953/RS — RIO GRANDE DO SUL	Min. SYDNEY SANCHES	NORMAS EFICÁCIA PLENA
126	9.11.1993	RE 159557 AgR/SP — SÃO PAULO	Min. SYDNEY SANCHES	NORMAS EFICÁCIA PLENA
127	9.11.1993	RE 163056 AgR/SP — SÃO PAULO	Min. SYDNEY SANCHES	NORMAS EFICÁCIA PLENA
128	9.11.1993	RE 166481 AgR/SP — SÃO PAULO	Min. SYDNEY SANCHES	NORMAS EFICÁCIA PLENA
129	9.11.1993	RE 157035 AgR/SP — SÃO PAULO	Min. SYDNEY SANCHES	NORMAS EFICÁCIA PLENA
130	9.11.1993	RE 166307 AgR/SP — SÃO PAULO	Min. SYDNEY SANCHES	NORMAS EFICÁCIA PLENA
131	9.11.1993	RE 160206 AgR/SP — SÃO PAULO	Min. SYDNEY SANCHES	NORMAS EFICÁCIA PLENA
132	19.10.1993	RE 163521/RS — RIO GRANDE DO SUL	Min. SYDNEY SANCHES	NORMAS EFICÁCIA PLENA
133	19.10.1993	RE 168851/RS — RIO GRANDE DO SUL	Min. SYDNEY SANCHES	NORMAS EFICÁCIA PLENA
134	13.4.1993	AI 147452 AgR/SP — SÃO PAULO	Min. SYDNEY SANCHES	NORMAS EFICÁCIA PLENA
110	27.3.2014	RE 788092 RG/RS — RIO GRANDE DO SUL	Min. DIAS TOFFOLI	MANUTENÇÃO ATIVIDADE ESPECIAL APÓS APOSENTADORIA

111	15.11.2012	RE 639856 RG/ RS — RIO GRANDE DO SUL	Min. GILMAR MENDES	REGRA DE CALCULO DTO. ADQUIRIDO
112	21.10.2010	RE 630501 RG/ RS — RIO GRANDE DO SUL	Min. ELLEN GRACIE	*TEMPUS REGIT ACTUM*
113	16.9.2013	RE 626489 RG/SE — SERGIPE	Min. AYRES BRITTO	PROCESSUAL. APLICAÇÃO PRAZO DECADENCIAL
114	16.10.2013	RE 626489/SE — SERGIPE	Min. ROBERTO BARROSO	PROCESSUAL. APLICAÇÃO PRAZO DECADENCIAL
140	4.12.2014	ARE 664335/SC — SANTA CATARINA	Min. LUIZ FUX	APOSENTADORIA ESPECIAL — USO EPI

* Foi mantida a numeração do objeto de acordo com a numeração originária que ele ocupou em todas as tabelas.

Tabela 7 — Reincidência do tema do julgado na mostra de pesquisa

Objeto	TEMA OBJETO DO JULGADO	Incidência
1	DTO. AO MELHOR BENEFÍCIO	3
2	NEG. REAJUSTE SALÁRIO DE MANUTENÇÃO	1
3	OBRIG. PRÉVIO REQUERIMENTO ADM.	1
4	COMPUTO AUX.-DOENÇA CARÊNCIA E TEMPO	2
5	MATÉRIA INFRACONSTITUCIONAL	13
6	AFASTAR FATOR PREVIDENCIÁRIO	2
7	NÃO DEVOLUÇÃO DE VALORES BOA-FÉ	8
8	CRITÉRIO BAIXA RENDA AUXÍLIO-RECLUSÃO	5
9	APLICAÇÃO LEI MAIS BENÉFICA	3
10	*TEMPUS REGIT ACTUM*	3
11	DTO. ADQUIRIDO *TEMPUS REGIT ACTUM*	1
12	ISONOMIA DE GÊNERO	1
13	REVISÃO INDEVIDA — *VIGE TEMPUS REGIT ACTUM*	17
14	APLICAÇÃO LEI MAIS BENÉFICA	3
15	REAJUSTE IGPDI PELO INPC	1
16	PENSÃO POR MORTE HOMEM	2

17	EQUIPARAÇÃO SALÁRIO SERVIDORES DA ATIVA	1
18	PROCESSUAL	14
19	REVISÃO DO TETO	1
20	ADI	2
21	CONTRIBUIÇÃO PESSOA FÍSICA	1
22	CONTRIBUIÇÃO SOCIAL EMPRESÁRIO	1
23	GARANTIA SALÁRIO MÍNIMO ABONO	8
24	NORMAS EFICÁCIA PLENA	19
25	MANUTENÇÃO ATIVIDADE ESPECIAL APÓS APOSENTADORIA	1
26	REGRA DE CÁLCULO DTO. ADQUIRIDO	1

Tomando como base as tabelas que classificam os julgados no tocante à temática debatida, pode-se observar um segundo padrão em relação ao recorrente e ao vencido.

Tabela 8 — Indicação das partes como vencedor e como autor do recurso

OBJETO	VENCEDOR	TEMA OBJETO DO JULGADO	AUTOR DO RECURSO
1	SEGURADO	DTO. AO MELHOR BENEFÍCIO	INSS
2	INSS	NEG. REAJUSTE SALÁRIO DE MANUTENÇÃO	SEGURADO
3	SEGURADO	NÃO DEVOLUÇÃO VALORES BOA-FÉ	INSS
4	INSS	OBRIG. PRÉVIO REQUERIMENTO ADM.	INSS
5	SEGURADO	CÔMPUTO AUX.-DOENÇA CARÊNCIA E TEMPO	INSS
6	SEGURADO	CÔMPUTO AUX.-DOENÇA CARÊNCIA E TEMPO	INSS
7	INSS	MATÉRIA INFRACONSTITUCIONAL	SEGURADO
9	INSS	COMPETÊNCIA DELEGADA	SEGURADO
10	INSS	MATÉRIA INFRACONSTITUCIONAL	SEGURADO
11	SEGURADO	MATÉRIA INFRACONSTITUCIONAL	INSS
12	INSS	AFASTAR FATOR PREVIDENCIÁRIO	SEGURADO
14	SEGURADO	MATÉRIA INFRACONSTITUCIONAL	SEGURADO

16	SEGURADO	APLICAR DECISÃO REPERCUSSÃO GERAL	SEGURADO
17	SEGURADO	DTO. AO MELHOR BENEFÍCIO	INSS
18	INSS	MATÉRIA INFRACONSTITUCIONAL	SEGURADO
19	INSS	MATÉRIA INFRACONSTITUCIONAL	SEGURADO
20	SEGURADO	NÃO DEVOLUÇÃO DE VALORES BOA-FÉ	INSS
21	INSS	MATÉRIA INFRACONSTITUCIONAL	SEGURADO
22	INSS	CRITÉRIO BAIXA RENDA AUXÍLIO-RECLUSÃO	SEGURADO
24	SEGURADO	NÃO DEVOLUÇÃO DE VALORES BOA-FÉ	INSS
25	INSS	APLICAÇÃO LEI MAIS BENÉFICA	INSS
27	INSS	AFASTAR FATOR PREVIDENCIÁRIO	SEGURADO
28	INSS	AUSÊNCIA DE PREQUESTIONAMENTO	SEGURADO
31	INSS	CRITÉRIO BAIXA RENDA AUXÍLIO-RECLUSAO	SEGURADO
32	INSS	MATÉRIA INFRACONSTITUCIONAL	SEGURADO
34	INSS	DECADÊNCIA – MATÉRIA INFRACONSTITUCIONAL	SEGURADO
35	SEGURADO	MATÉRIA INFRACONSTITUCIONAL	INSS
36	SEGURADO	FALTA DE FUNDAMENTAÇÃO NO RECURSO	INSS
37	SEGURADO	*TEMPUS REGIT ACTUM*	INSS
38	SEGURADO	NÃO DEVOLUÇÃO DE VALORES BOA-FÉ	INSS
39	INSS	MATÉRIA INFRACONSTITUCIONAL	SEGURADO
42	INSS	DTO. ADQUIRIDO *TEMPUS REGIT ACTUM*	SEGURADO
43	INSS	NÃO DEVOLUÇÃO DE VALORES BOA-FÉ	SEGURADO
46	SEGURADO	NÃO DEVOLUÇÃO DE VALORES BOA-FÉ	INSS
47	INSS	MATÉRIA INFRACONSTITUCIONAL	SEGURADO
48	INSS	*TEMPUS REGIT ACTUM*	SEGURADO
49	SEGURADO	NÃO DEVOLUÇÃO DE VALORES BOA-FÉ	INSS
50	SEGURADO	NÃO DEVOLUÇÃO DE VALORES BOA-FÉ	INSS
51	SEGURADO	ISONOMIA DE GÊNERO	INSS
52	INSS	*TEMPUS REGIT ACTUM*	SEGURADO
53	INSS	CRITÉRIO BAIXA RENDA AUXÍLIO-RECLUSÃO	SEGURADO
54	INSS	NÃO RETROAÇÃO REGRA DE CÁLCULO	SEGURADO

55	SEGURADO	PROCESSUAL	INSS
58	INSS	CRITÉRIO BAIXA RENDA AUXÍLIO-RECLUSÃO	INSS
59	INSS	CRITÉRIO BAIXA RENDA AUXÍLIO-RECLUSÃO	INSS
60	INSS	NÃO RETROAÇÃO REGRA DE CÁLCULO	SEGURADO
61	SEGURADO	APLICAÇÃO LEI MAIS BENÉFICA	INSS
63	INSS	COMPETÊNCIA ACIDENTÁRIA ORIGINÁRIA	SEGURADO
64	INSS	REVISÃO	INSS
65	INSS	REVISÃO	INSS
66	INSS	REVISÃO	INSS
67	INSS	REVISÃO	INSS
68	INSS	REVISÃO	INSS
69	INSS	REVISÃO	INSS
70	INSS	REVISÃO	INSS
71	INSS	REVISÃO	INSS
72	INSS	REVISÃO	INSS
73	INSS	REVISÃO	INSS
74	INSS	REVISÃO	INSS
75	INSS	REVISÃO	INSS
76	INSS	REVISÃO	INSS
77	INSS	REVISÃO	INSS
78	INSS	REVISÃO INDEVIDA	INSS
79	INSS	REVISÃO INDEVIDA	INSS
80	INSS	REVISÃO INDEVIDA	INSS
82	TRIBUNAL	CONFLITO DE COMPETÊNCIA	SEGURADO
83	SEGURADO	APLICAÇÃO LEI MAIS BENÉFICA	INSS
84	SEGURADO	COMPETÊNCIA DELEGADA	SEGURADO
87	INSS	REAJUSTE IGPDI PELO INPC	INSS
88	INSS	PENSÃO POR MORTE HOMEM	SEGURADO
93	INSS	EQUIPARAÇÃO SALÁRIO SERVIDORES DA ATIVA	INSS
94	INSS	PENSÃO POR MORTE HOMEM	INSS
96	SEGURADO	PROCESSUAL	INSS

97	SEGURADO	REVISÃO DO TETO	SEGURADO
98	INSS	MATÉRIA INFRACONSTITUCIONAL	SEGURADO
99	INSS	ADI	PARTIDO POLÍTICO
100	INSS	ADI	CNTM
101	INSS	CONTRIBUIÇÃO PESSOA FÍSICA	EMPRESA
102	INSS	COMPETÊNCIA ORIGINÁRIA	SEGURADO
103	INSS	COMPETÊNCIA ORIGINÁRIA	SEGURADO
104	INSS	CONTRIBUIÇÃO SOCIAL EMPRESÁRIO	EMPRESA
106	SEGURADO	GARANTIA SALÁRIO MÍNIMO ABONO	SEGURADO
107	SEGURADO	GARANTIA SALÁRIO MÍNIMO ABONO	SEGURADO
108	SEGURADO	GARANTIA SALÁRIO MÍNIMO ABONO	SEGURADO
109	SEGURADO	GARANTIA SALÁRIO MÍNIMO ABONO	SEGURADO
111	SEGURADO	GARANTIA SALÁRIO MÍNIMO ABONO	SEGURADO
112	SEGURADO	GARANTIA SALÁRIO MÍNIMO ABONO	SEGURADO
113	SEGURADO	GARANTIA SALÁRIO MÍNIMO ABONO	SEGURADO
114	SEGURADO	GARANTIA SALÁRIO MÍNIMO ABONO	SEGURADO
115	SEGURADO	NORMAS EFICÁCIA PLENA	INSS
116	SEGURADO	GARANTIA SALÁRIO MÍNIMO ABONO	SEGURADO
117	SEGURADO	NORMAS EFICÁCIA PLENA	SEGURADO
118	SEGURADO	NORMAS EFICÁCIA PLENA	SEGURADO
119	SEGURADO	NORMAS EFICÁCIA PLENA	SEGURADO
120	SEGURADO	NORMAS EFICÁCIA PLENA	SEGURADO
121	SEGURADO	NORMAS EFICÁCIA PLENA	SEGURADO
122	SEGURADO	NORMAS EFICÁCIA PLENA	SEGURADO
123	SEGURADO	NORMAS EFICÁCIA PLENA	SEGURADO
124	SEGURADO	NORMAS EFICÁCIA PLENA	SEGURADO
125	SEGURADO	NORMAS EFICÁCIA PLENA	SEGURADO
126	SEGURADO	NORMAS EFICÁCIA PLENA	SEGURADO
127	SEGURADO	NORMAS EFICÁCIA PLENA	SEGURADO
128	SEGURADO	NORMAS EFICÁCIA PLENA	SEGURADO
129	SEGURADO	NORMAS EFICÁCIA PLENA	SEGURADO
130	SEGURADO	NORMAS EFICÁCIA PLENA	SEGURADO

131	SEGURADO	NORMAS EFICÁCIA PLENA	SEGURADO
132	SEGURADO	NORMAS EFICÁCIA PLENA	SEGURADO
133	SEGURADO	NORMAS EFICÁCIA PLENA	SEGURADO
134	SEGURADO	NORMAS EFICÁCIA PLENA	SEGURADO
135	INSS	MANUTENÇÃO ATIVIDADE ESPECIAL APÓS APOSENTADORIA	INSS
136	SEGURADO	REGRA DE CÁLCULO DTO. ADQUIRIDO	SEGURADO
137	SEGURADO	*TEMPUS REGIT ACTUM*	SEGURADO
138	INSS	APLICAÇÃO PRAZO DECADENCIAL	INSS
139	INSS	APLICAÇÃO PRAZO DECADENCIAL	INSS
140	SEGURADO	APOSENTADORIA ESPECIAL — EPI	INSS

* Foi mantida a numeração do objeto de acordo com a numeração originária que ele ocupou em todas as tabelas.

Observando a Tabela 8, pôde-se contabilizar que 42% dos recursos interpostos na amostra de pesquisa foram operacionalizados pela Autarquia Previdenciária, contra 58% manejados pelos segurados ou empresas interessadas. Ou seja, os segurados buscam 16% mais a Corte Constitucional para solução de seus litígios previdenciários do que a própria Autarquia.

E do total desses recursos manejados, o INSS logra êxito em sair vencedor em 53% dos casos selecionados contra 47% das vezes em que os segurados têm procedência de seus pedidos.

Contudo, se for feita uma análise comparada dos casos em que, o INSS ou o segurado obtiveram êxito, com os temas discutidos nos julgados, vê-se que embora o quantitativo demonstre números percentuais com pequenas variações entre INSS e segurados, na análise pontual, INSS é o grande vencedor em caráter qualitativo.

Essa afirmação é possível após a leitura de todas as decisões que compõem a amostra de pesquisa, quando se verifica que o que aumentou o quantitativo de vitórias do segurado nesta amostra de pesquisa foi o aparecimento de ações de massa com tema de "garantia do abono salarial no importe de salário mínimo" e "aplicação de norma de eficácia plena".

Se forem excluídos esses casos repetidos da amostra de pesquisa, os quais somam juntos 27 casos, restam, na amostra da pesquisa, 83 casos, com um resultado qualitativo preocupante, no qual o INSS figura como autor em 57% dos recursos e vencedor em 71% das decisões prolatadas pela Corte Constitucional.

Outro dado interessante que se pode extrair da pesquisa é acerca dos debates, havidos entre os ministros, que ensejaram as decisões durante os julgamentos.

Conforme esclarecido no início deste capítulo, as decisões analisadas que serviram como base do trabalho foram as constantes dos votos vencedores. Entretanto, classificamos, dentre nossa amostra de pesquisa, aquelas que tiveram votação unânime e as que tiveram votação por maioria, conforme segue:

Tabela 9 — Julgamento: quórum da votação e voto vencedor

OBJETO	RELATOR	DECISÃO	VOTO VENCEDOR
1	Min. DIAS TOFFOLI	Negado provimento ao agravo regimental, unânime	VOTO RELATOR
2	Min. DIAS TOFFOLI	Negado provimento ao agravo regimental, unânime	VOTO RELATOR
3	Min. ROSA WEBER	Negado provimento ao agravo regimental, unânime	VOTO RELATOR
4	Min. ROBERTO BARROSO	Por maioria e nos termos do voto do Relator, deu parcial provimento ao recurso, vencidos	VOTO RELATOR
5	Min. DIAS TOFFOLI	Negado provimento ao agravo regimental, unânime	VOTO RELATOR
6	Min. DIAS TOFFOLI	Negado provimento ao agravo regimental, unânime	VOTO RELATOR
7	Min. LUIZ FUX	Maioria de votos convertidos embargos da declaração do agravo regimental	VOTO RELATOR
9	Min. ROSA WEBER	Negado provimento ao agravo regimental, unânime	VOTO RELATOR
10	Min. ROSA WEBER	Negado provimento ao agravo regimental, unânime	VOTO RELATOR
11	Min. ROBERTO BARROSO	Negado provimento ao agravo regimental, unânime	VOTO RELATOR
12	Min. LUIZ FUX	Negado provimento aos embargos de declaração, unânime	VOTO RELATOR
14	Min. DIAS TOFFOLI	Negado provimento ao agravo regimental, unânime	VOTO RELATOR
16	Min. DIAS TOFFOLI	Por maioria de votos, deu provimento aos embargos de declaração, com efeitos infringentes	VOTO RELATOR

17	Min. RICARDO LEWANDOWSKI	Negado provimento ao agravo regimental, por votação unânime	VOTO RELATOR
18	Min. LUIZ FUX	Por maioria de votos, deu provimento aos embargos de declaração, com efeitos infringentes	VOTO RELATOR
19	Min. LUIZ FUX	Negado provimento ao agravo regimental, unânime	VOTO RELATOR
20	Min. LUIZ FUX	Negado provimento ao agravo regimental, unânime	VOTO RELATOR
21	Min. LUIZ FUX	Negado provimento ao agravo regimental, unânime	VOTO RELATOR
22	Min. TEORI ZAVASCKI	Negado provimento ao agravo regimental, unânime	VOTO RELATOR
24	Min. ROSA WEBER	Negado provimento ao agravo regimental, maioria	VOTO RELATOR
25	Min. LUIZ FUX	Por maioria de votos, deu provimento ao agravo regimental	VOTO RELATOR
27	Min. LUIZ FUX	Rejeitado os embargos de declaração, unânime	VOTO RELATOR
28	Min. DIAS TOFFOLI	Convertidos os embargos de declaração em agravo regimental e negou provimento, unânime	VOTO RELATOR
31	Min. CÁRMEN LÚCIA	Negado provimento ao agravo regimental, unânime	VOTO RELATOR
32	Min. LUIZ FUX	Negado provimento ao agravo regimental, unânime	VOTO RELATOR
34	Min. LUIZ FUX	Por unanimidade, a Turma rejeitou os embargos de declaração e, por maioria de votos, determinou a baixa imediata dos autos	VOTO RELATOR
35	Min. LUIZ FUX	Negado provimento ao agravo regimental, unânime	VOTO RELATOR
36	Min. LUIZ FUX	Negado provimento ao agravo regimental, unânime	VOTO RELATOR
37	Min. MARCO AURÉLIO	Negado provimento ao agravo regimental, unânime	VOTO RELATOR
38	Min. LUIZ FUX	Por maioria de votos, a Turma negou provimento ao agravo regimental	VOTO RELATOR
39	Min. DIAS TOFFOLI	Negado provimento ao agravo regimental, unânime	VOTO RELATOR

42	Min. LUIZ FUX	Por maioria de votos, negou provimento ao agravo regimental	VOTO RELATOR
43	Min. DIAS TOFFOLI	Por maioria de votos, negou provimento ao agravo regimental	VOTO RELATOR
45	Min. LUIZ FUX	Por maioria de votos, a Turma negou provimento ao agravo regimental	VOTO RELATOR
46	Min. LUIZ FUX	Por maioria de votos, a Turma negou provimento ao agravo regimental	VOTO RELATOR
47	Min. DIAS TOFFOLI	Rejeitado os embargos de declaração, unânime	VOTO RELATOR
48	Min. DIAS TOFFOLI	Negado provimento ao agravo regimental no recurso extraordinário, unânime	VOTO RELATOR
49	Min. LUIZ FUX	Negado provimento ao agravo regimental no agravo de instrumento, unânime	VOTO RELATOR
50	Min. ELLEN GRACIE	Negado provimento ao agravo regimental, unânime	VOTO RELATOR
51	Min. LUIZ FUX	Negado provimento ao agravo regimental no recurso extraordinário, unânime	VOTO RELATOR
52	Min. RICARDO LEWANDOWSKI	Negado provimento ao agravo regimental no agravo de instrumento, unânime	VOTO RELATOR
53	Min. ELLEN GRACIE	Negado provimento ao agravo regimental, unânime	VOTO RELATOR
54	Min. RICARDO LEWANDOWSKI	Negado provimento ao agravo regimental no agravo de instrumento, unânime	VOTO RELATOR
55	Min. CÁRMEN LÚCIA	Julgou improcedente a reclamação, unânime	VOTO RELATOR
58	Min. RICARDO LEWANDOWSKI	Por maioria, reconheceu e deu provimento ao recurso extraordinário	VOTO RELATOR
59	Min. RICARDO LEWANDOWSKI	Por maioria, reconheceu e deu provimento ao recurso extraordinário	VOTO RELATOR
60	Min. RICARDO LEWANDOWSKI	Por maioria, desproveu o recurso	VOTO RELATOR
61	Min. MARCO AURÉLIO	Negado provimento ao agravo regimental no recurso extraordinário, unânime	VOTO RELATOR

63	Min. CARLOS BRITTO	Negado provimento ao agravo regimental no recurso extraordinário, unânime	VOTO RELATOR
67	Min. SEPÚLVEDA PERTENCE	Pelo prosseguimento questão de ordem — maioria. Provimento ao recurso extraordinário — unanimidade	VOTO RELATOR
68	Min. SEPÚLVEDA PERTENCE	Pelo prosseguimento questão de ordem — maioria. Provimento ao recurso extraordinário — unanimidade	VOTO RELATOR
69	Min. SEPÚLVEDA PERTENCE	Pelo prosseguimento questão de ordem — maioria. Provimento ao recurso extraordinário — unanimidade	VOTO RELATOR
70	Min. SEPÚLVEDA PERTENCE	Pelo prosseguimento questão de ordem — maioria. Provimento ao recurso extraordinário — unanimidade	VOTO RELATOR
71	Min. SEPÚLVEDA PERTENCE	Pelo prosseguimento questão de ordem — maioria. Provimento ao recurso extraordinário — unanimidade	VOTO RELATOR
72	Min. SEPÚLVEDA PERTENCE	Pelo prosseguimento questão de ordem — maioria. Provimento ao recurso extraordinário — unanimidade	VOTO RELATOR
73	Min. SEPÚLVEDA PERTENCE	Pelo prosseguimento questão de ordem — maioria. Provimento ao recurso extraordinário — unanimidade	VOTO RELATOR
74	Min. SEPÚLVEDA PERTENCE	Pelo prosseguimento questão de ordem — maioria. Provimento ao recurso extraordinário — unanimidade	VOTO RELATOR
75	Min. SEPÚLVEDA PERTENCE	Pelo prosseguimento questão de ordem — maioria. Provimento ao recurso extraordinário — unanimidade	VOTO RELATOR
76	Min. SEPÚLVEDA PERTENCE	Pelo prosseguimento questão de ordem — maioria. Provimento ao recurso extraordinário — unanimidade	VOTO RELATOR
77	Min. SEPÚLVEDA PERTENCE	Pelo prosseguimento questão de ordem — maioria. Provimento ao recurso extraordinário — unanimidade	VOTO RELATOR
78	Min. SEPÚLVEDA PERTENCE	Pelo prosseguimento questão de ordem — maioria. Provimento ao recurso extraordinário — unanimidade	VOTO RELATOR
79	Min. SEPÚLVEDA PERTENCE	Pelo prosseguimento questão de ordem — maioria. Provimento ao recurso extraordinário — unanimidade	VOTO RELATOR
80	Min. SEPÚLVEDA PERTENCE	Negado provimento ao agravo regimental no recurso extraordinário, unânime	VOTO RELATOR

82	Min. CARLOS BRITTO	Negado provimento ao agravo regimental no recurso extraordinário, unânime	VOTO RELATOR
83	Min. CARLOS BRITTO	Por unanimidade, conheceu do conflito e, por maioria, definiu a competência da justiça trabalhista	VOTO RELATOR
84	Min. ILMAR GALVÃO	Por unanimidade, conheceu do recurso e, por maioria, o proveu para, reformando o acórdão proferido	VOTO RELATOR
87	Min. ELLEN GRACIE	Por maioria, deu provimento ao recurso extraordinário	VOTO RELATOR
88	Min. ELLEN GRACIE	Por votação unânime, negou provimento ao recurso de agravo, nos termos do voto da Relatora	VOTO RELATOR
93	Min. NÉRI DA SILVEIRA	Por unanimidade, não conheceu do recurso extraordinário	VOTO RELATOR
94	Min. NÉRI DA SILVEIRA	Por unanimidade, julgou improcedente o pedido formulado na reclamação	VOTO RELATOR
96	Min. CARLOS VELLOSO	Por unanimidade, deu provimento ao recurso extraordinário	VOTO RELATOR
97	Min. NÉRI DA SILVEIRA	Por unanimidade, julgou improcedente a reclamação e cassou a medida liminar concedida	VOTO RELATOR
98	Min. NÉRI DA SILVEIRA	Por unanimidade, julgou improcedente a reclamação	VOTO RELATOR
99	Min. ILMAR GALVÃO	Rejeitado os embargos de declaração no recurso extraordinário. Unânime	VOTO RELATOR
100	Min. NELSON JOBIM	Negado provimento ao agravo regimental, unânime	VOTO RELATOR
101	Min. SYDNEY SANCHES	Impedimento do Ministro. Redistribuição	VOTO RELATOR
102	Min. SYDNEY SANCHES	Impedimento do Ministro. Redistribuição	VOTO RELATOR
103	Min. SYDNEY SANCHES	Negado provimento ao agravo regimental em recurso extraordinário, Unânime	VOTO RELATOR
104	Min. MARCO AURÉLIO	Negado provimento ao agravo regimental, unânime	VOTO RELATOR
106	Min. CARLOS VELLOSO	Por maioria	VOTO RELATOR
107	Min. SEPÚLVEDA PERTENCE	Negado provimento ao agravo regimental, unânime	VOTO RELATOR

108	Min. SYDNEY SANCHES	Unânime	VOTO RELATOR
109	Min. SYDNEY SANCHES	Unânime	VOTO RELATOR
111	Min. SYDNEY SANCHES	Unânime	VOTO RELATOR
112	Min. SYDNEY SANCHES	O Tribunal julgou procedente o pedido, unânime	VOTO RELATOR
113	Min. SYDNEY SANCHES	Unânime	VOTO RELATOR
114	Min. SYDNEY SANCHES	Unânime	VOTO RELATOR
115	Min. SYDNEY SANCHES	Unânime	VOTO RELATOR
116	Min. SYDNEY SANCHES	Unânime	VOTO RELATOR
117	Min. CARLOS VELLOSO	O Tribunal, por votação unânime, conheceu dos embargos de divergência e, por maioria os recebeu	VOTO RELATOR
118	Min. SYDNEY SANCHES	Unânime	VOTO RELATOR
119	Min. CARLOS VELLOSO	Unânime. Prejudicado o rec. do INSS	VOTO RELATOR
120	Min. SYDNEY SANCHES	Unânime	VOTO RELATOR
121	Min. SYDNEY SANCHES	Unânime	VOTO RELATOR
122	Min. SYDNEY SANCHES	Unânime	VOTO RELATOR
123	Min. SYDNEY SANCHES	Unânime	VOTO RELATOR
124	Min. SYDNEY SANCHES	Unânime	VOTO RELATOR
125	Min. SYDNEY SANCHES	Unânime	VOTO RELATOR
126	Min. SYDNEY SANCHES	Unânime	VOTO RELATOR
127	Min. SYDNEY SANCHES	Unânime	VOTO RELATOR

128	Min. SYDNEY SANCHES	Unânime	VOTO RELATOR
129	Min. SYDNEY SANCHES	Unânime	VOTO RELATOR
130	Min. SYDNEY SANCHES	Unânime	VOTO RELATOR
131	Min. SYDNEY SANCHES	Unânime	VOTO RELATOR
132	Min. SYDNEY SANCHES	Unânime	VOTO RELATOR
133	Min. SYDNEY SANCHES	Unânime	VOTO RELATOR
134	Min. SYDNEY SANCHES	Unânime	VOTO RELATOR
135	Min. SYDNEY SANCHES	Unânime	VOTO RELATOR
136	Min. SYDNEY SANCHES	Unânime	VOTO RELATOR
137	MIN. LUIZ FUX	Improcedência do agravo de instrumento maioria	VOTO RELATOR
140	MIN. LUIZ FUX	Negado provimento ao RE, por unanimidade. Votada a tese por maioria	VOTO RELATOR

Observa-se que na maioria dos casos as decisões são unânimes. Ou seja, embora haja algum debate e este seja registrado na ata de julgamento, por fim, a decisão acaba sendo nos termos do voto do relator, o que demonstra que, embora o tribunal seja colegiado, as decisões tendem a prevalecer no sentido monocrático.

Da análise da Tabela 9, depreende-se que das decisões constantes da amostra, 34 foram decididas por maioria e 104 por unanimidade[70]. Aproximadamente 75% dos julgados que compõem a amostra desta pesquisa foram decididos por unanimidade com base no voto do relator, contra 25% dos julgados decididos por maioria, também com base no voto do relator. A presente amostra de pesquisa não apresentou nenhum voto divergente vencedor. Mais um dado que confirma a hipótese de que o voto do relator conduz o resultado do julgamento.

---

(70) Ressalte-se que o número de decisões é maior do que o número de processo na amostra (110) porque os julgados mais antigos possuem duas decisões, a de questão de ordem e a do recurso conjuntamente.

CAPÍTULO 3

O COMPORTAMENTO DO SUPREMO TRIBUNAL FEDERAL NA DEFESA DE DIREITOS HUMANOS FUNDAMENTAIS PREVIDENCIÁRIOS

3.1. Análise dos resultados da pesquisa

3.1.1. Plataforma de Pesquisa Disponibilizada pelo STF

Na fase da busca de jurisprudência, realizada para delimitar a amostra de pesquisa que seria objeto do presente estudo, pode-se observar que a indexação das ementas da Corte Constitucional não expressa a contento as partes mais relevantes dos julgados, nem mesmo o tema central discutido no recurso.

Observe-se a Tabela 1, que apresenta os argumentos jurídicos de pesquisa. Logicamente os resultados mais vultosos são os que atendem a termos mais amplos como, por exemplo, a expressão genérica "previdenciário" ou "direitos previdenciários", entretanto, a esmagadora diferença entre os números dos resultados surpreende, pois demonstra que quando se trata de direitos previdenciários não há qualquer referência do mesmo nas ementas como direitos sociais. E isso se repete quando a tentativa de associação é realizada com os argumentos "direitos humanos" e com "direitos fundamentais".

Ainda que se considere que os direitos humanos fundamentais não foram elencados em nossa Constituição Federal com uma terminologia específica, conforme explanado no capítulo 1, ainda causa estranheza que tomando como base um universo de 3031 julgados com a expressão "previdenciário", conforme Tabela 1, apenas 21 retornem com algum resultado quando associado às expressões como "direitos fundamentais", "direitos sociais" ou "direitos humanos".

Isso pode ser um sinal de banalização da equiparação conceitual do direito previdenciário ao *status* de direito humano fundamental, ou a comprovação de que o STF não se preocupa com a transparência de seus julgados, por meio da efetiva acessibilidade da pesquisa jurisprudencial.

Isso se comprova pelo fato de que os principais temas previdenciários discutidos na atualidade, em congressos, seminários e revistas jurídicas especializadas, com base nos argumentos utilizados na pesquisa, não fazem parte da amostra de pesquisa selecionada.

Temas cuja repercussão geral já restou reconhecida pelo STF, cujos sobrestamentos das lides diz respeito a milhares de processos, tais como desaposentação, revisão do teto, revisão proveniente das emendas constitucionais, aposentadoria especial dos professores, não restaram aqui encontrados com os argumentos de busca utilizados.

Essa preocupação decorre da importância que a informação representa para a democracia. Uma Corte Constitucional de um Estado Democrático de Direito precisa possibilitar acesso rápido, fácil e autêntico de seus julgados.

Não é concebível que em plena democracia, e ainda em tempos telemáticos, em que os processos eletrônicos se tornam uma realidade em nosso País, que a plataforma de jurisprudência de sua principal Corte Judicial, não seja capaz de apresentar resultados fidedignos de sua atuação, seja como corte final de apelação, seja como guardião da Constituição da República.

Ainda no tocante à pesquisa, observa-se, conforme explanado no capítulo 2, que um número expressivo de julgados se referia a uma mesma espécie de demanda. O Direito Previdenciário, por ter um amplo alcance de titulares na sociedade, com frequência suscita ações de massa, as quais pleiteiam correções de atos arbitrários manejados pelo Poder Público em face da coletividade, atingindo muitas vezes direitos sociais previdenciários. Por este motivo, a fim de que ações de massa não desviem a pesquisa realizada, os 27 julgados foram considerados nas estatísticas percentuais como um único julgado, pois o intuito deste trabalho é o de analisar argumentos e motivações de modo qualitativo e não apenas quantitativo.

Para atender a esta finalidade foram elaboradas as Tabelas 6 e 7, cujo inteiro teor dos acórdãos foi estudado, e os julgados da amostra de pesquisa tiveram seus resultados tabelados.

Importa esclarecer que as tabelas mencionadas, 6 e 7 foram elaboradas sob a rubrica da autora. Ou seja, por meio de interpretação pessoal de cada um dos julgados da amostra de pesquisa, tomando como base o voto vencedor, que conforme resultado demonstrado na Tabela 9, foi em todos os objetos analisados, o voto do relator.

Outro dado surpreendente revelado pela pesquisa foi a constatação de que a Autarquia Previdenciária figura majoritariamente na posição de autora dos recursos impetrados contra decisões dos Tribunais Regionais ou das Turmas Recursais, conforme Tabela 8, demonstrada por meio do Gráfico 1.

Gráfico 1 — Autores de recursos no STF:

- 29% Segurados
- 71% INSS

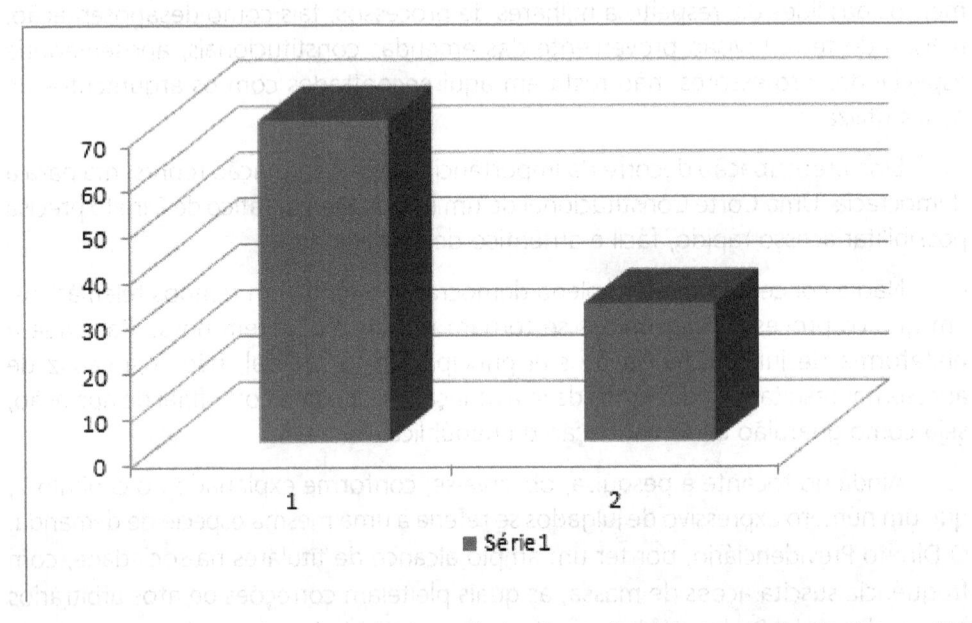

Registre-se que na pesquisa anual do Conselho Nacional de Justiça — CNJ 2012/2013[71], o INSS aparece como maior réu do país. E nessa pesquisa comprovamos que além de ser o maior réu apresentado pela pesquisa do CNJ, é também dentro, do nosso universo de pesquisa, o maior recorrente em matéria de Direitos Previdenciários perante o STF.

Se esse resultado preocupa, a estatística advinda da interpretação dos dados constantes da Tabela 8 ainda pode ser mais preocupante. Observa-se que do uni-

---

(71) CNJ — 100 Maiores Litigantes do Brasil 2011/2012. Disponível em: <http://www.cnj.jus.br/images/pesquisas-judiciarias/pesquisa_100_maiores_litigantes.pdf>. Acesso em: 26.2.2015.

verso de casos considerados, 75% das vitórias nessas demandas são da Autarquia Previdenciária em detrimento dos segurados, cujo índice de procedência de seus pedidos fica em torno de 25%, observe-se o Gráfico 2.

Gráfico 2 — Parte vencedora no STF:

- 25% Segurados
- 75% INSS

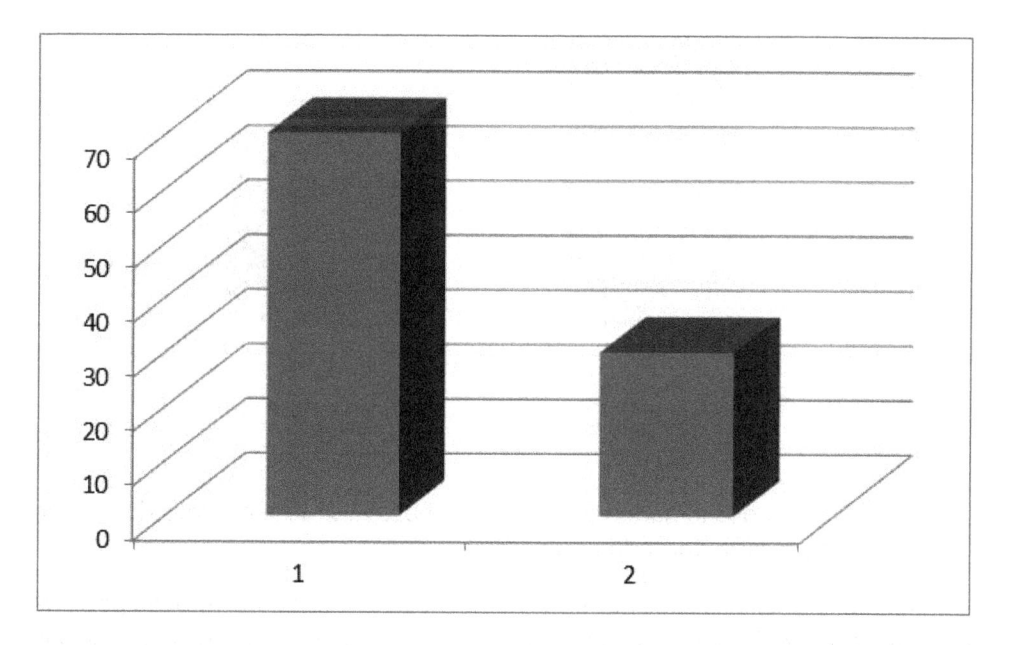

E, por fim, a Tabela 9 mostra um resultado alarmante, pois desenha a dinâmica do julgamento, detalhando o quórum de votação dos ministros e o voto norteador do acórdão prolatado. Os resultados apontam para decisões praticamente monocráticas. Sendo que da amostra selecionada nenhum voto divergente logrou êxito da vitória, 100% dos julgados da amostra de pesquisa têm no voto do relator a linha mestra adotada no acórdão. E o quórum de votação demonstra que na esmagadora maioria dos julgados a decisão é por unanimidade, sendo 104 unânimes e apenas 34 por maioria, conforme observa-se no Gráfico 3.

Gráfico 3 — Quórum das votações:

- 25% maioria
- 75% unanimidade

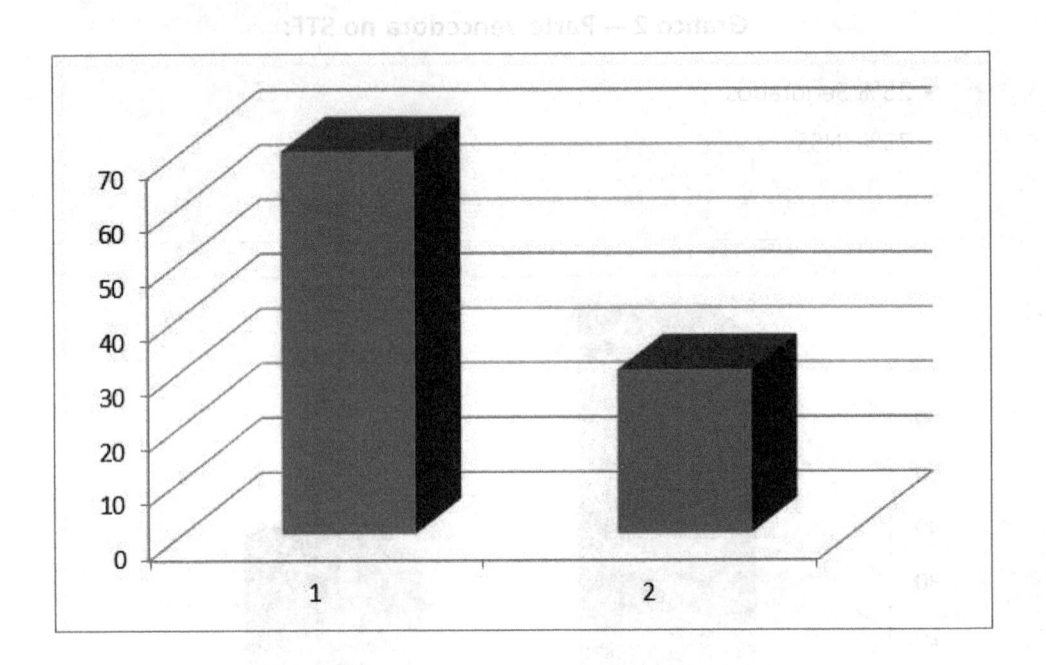

- 100% dos julgados da amostra de pesquisa têm no voto do relator a linha mestra adotada no acórdão.

A simples análise destes números referentes ao quórum da votação pode não significar muito, pois alguns podem afirmar que o consenso demonstra a unicidade de pensamento dos ministros. Entretanto, a leitura das atas de julgamento explicita o total dissenso entre eles, mas ao mesmo tempo a inércia na apresentação do voto divergente e na defesa daquilo em que acreditam. Em linhas gerais, as grandes discussões acabam em votações apáticas e consensuais.

3.1.2. Inteiro teor dos julgados da amostra

No intuito de identificar os argumentos utilizados pelo Supremo Tribunal Federal para emitir decisões, na qualidade de Poder Judiciário, foi realizada a leitura do inteiro teor dos acórdãos obtidos como amostra.

A análise individual dos julgados permitiu a alocação dos temas de pesquisa em grandes grupos temáticos (26), dividindo aqueles que discutem direito material, daqueles que contemporizam regras de direito processual, conforme se observa nas Tabelas 6 e 7 apresentadas anteriormente.

Essa divisão temática permitiu indicar os temas mais recorrentes na amostra de pesquisa, sendo a revisão de benefício previdenciário a que lidera em número de reincidências, com ações que discutem temáticas variadas como garantia do salário mínimo no abono salarial, aplicação do princípio *tempus regit actum* para correções monetárias dos salários de manutenção, aplicação de normas de eficácia plena e afastamento do fator previdenciário.

O grande número de pedidos de revisão do benefício é um indicador da insatisfação que assola a classe dos aposentados brasileiros. Patente é a falta de confiança na manutenção dos benefícios operacionalizada pela Autarquia Previdenciária aliada à esperança do acréscimo de parcela no benefício para manutenção de uma vida mais digna.

Na sequência são as questões processuais que ocupam os julgados. Situações como discussões de competência material ou delegada, conflitos de competência, ausência de prequestionamento, decadência, falta de fundamentação no recurso, não demonstração de repercussão geral, e adequação do julgado, as quais impedem o regular seguimento do recurso extraordinário, e denotam uma imperícia técnica por parte dos advogados dos segurados e procuradores da União no tocante às regras técnicas de interposição de recursos e demais aparatos legais perante os Tribunais Superiores.

Ainda, nos temas abordados nos acórdãos encontramos a discussão do direito material em confronto com o processual nas questões hermenêuticas, questão do prévio requerimento administrativo, discussão de matéria infraconstitucional com ofensa meramente reflexa à Constituição Federal, não devolução de valores recebidos de boa-fé pelo segurado, direito adquirido, aplicação da lei mais benéfica.

E por fim, questões de iminente aplicação do direito material, tais como cômputo do auxílio-doença para fins de carência e tempo de contribuição do segurado, escolha do critério de baixa renda para concessão do auxílio-reclusão, regras para o cálculo da aposentadoria do professor, isonomia de gênero no cálculo de benefícios, pensão por morte para o homem, contribuição previdenciária para o contribuinte individual, contribuição social da empresa, manutenção da atividade especial após aposentadoria especial.

Esses foram os temas encontrados na amostra de pesquisa, sem prejuízo de outras discussões marginais que possam ter sido objeto de discussão, mas que não nortearam os votos prolatados.

Conforme explanado no capítulo anterior, o objetivo desta pesquisa é o de analisar a motivação que enseja a decisão prolatada. Deste modo, nas informações apresentadas em números ordinais ou percentuais, foram tomados como base não o número total de objetos da amostra de pesquisa (111), mas sim o número de julgados que discutem temas individualmente considerados no grupo temático.

Excluindo-se assim os 26 julgados excedentes advindos das chamadas ações em massa (matéria repetida), restam 85 casos analisados.

Quanto à motivação dos julgados, da leitura dos acórdãos, restou clarividente que há uma conduta diferenciada da Corte Constitucional, quando decide no sentido de conceder direitos previdenciários ou quando decide negá-los.

A motivação do STF no momento de conceder direitos previdenciários segue numa linha deontológica, da aplicação das normas positivadas, sendo observado o princípio da legalidade.

Ao contrário, quando há a negativa de direitos, esta se faz por meio da aplicação de construções jurídicas, sopesamento e ponderação de princípios e regras, muitas vezes baseadas em argumentos extrajurídicos.

Tanto a aplicação do princípio da legalidade quanto a construção de teses baseadas em princípios e regras podem atender ao fim social que se busca no tocante a direitos humanos fundamentais, o que, no entanto, macula esta prática é a constatação de que a motivação e fundamentação utilizadas mudam de acordo com o destinatário da norma, ou o autor do recurso.

Tais fatos apontam para uma aparente incoerência lógica ou tendenciosa nas decisões proferidas pelo STF, nos julgados que lhe são colocados para apreciação e análise.

3.1.3. Dos resultados dos julgamentos

Depreende-se da Tabela 8, que os segurados recorrem mais ao Supremo Tribunal Federal que a Autarquia Previdenciária. Na amostra de pesquisa foram 62 (sessenta e dois) recursos manejados pelos segurados, 2 (dois) por empresas, 1 (um) por partido político, enquanto que o INSS foi o recorrente em 49 (quarenta e nove) processos.

Contudo, para que não houvesse desvio no resultado qualitativo da pesquisa foram excluídas as ações em massa (26), restando uma amostra de 85 julgados. Tendo essa amostra como base da pesquisa houve uma mudança substancial no resultado, pois os 62 recursos interpostos pelos segurados passaram para 36, que, num universo de 85, correspondem a 43% dos recursos interpostos contra os mesmos 49 interpostos pelo INSS, que correspondem percentualmente a 57%, passando então o INSS a ter o maior número de recursos para a Corte Constitucional.

No tocante aos resultados desses recursos, tomando como o universo dos 85 julgados que os resultados advindos dos julgamentos demonstram que o INSS sai vencedor em 71% dos casos, nos quais figura como recorrente ou como recorrido. Um número que surpreende, quando comparado com dados da pesquisa do Conselho Nacional de Justiça[72], os quais apontam que o número de reversão das decisões administrativas é extremamente alto na via judicial, o que nos leva a ponderar que o INSS tem uma aceitação maior de seus recursos na Corte Constitucional do que nas vias ordinárias.

O INSS figura como maior litigante do País nas pesquisas do ano de 2011 e 2012. Oksandro O. Gonçalves e Antonio F. Neto[73] esmiúçam essa problemática:

> O resultado em parte é surpreendente porque o INSS ocupa o posto de maior litigante do país por dois anos consecutivos. Imperioso destacar, ainda, a peculiaridade de cada relatório: o elaborado em 2011 utilizou informações de todos os processos não arquivados até 31.3.2010, enquanto o de 2012 tomou por base somente os processos distribuídos no interregno de 1º.1.2011 a 31.10.2011. Deste modo, verifica-se que a autarquia previdenciária não só foi parte mais presente no judiciário brasileiro até 2010, como em 2011 deu continuidade aos números [...] com o relatório de 2011, que demonstra ter sido o INSS réu em 81% das ações que tramitaram na Justiça Federal e com o de 2012, que demonstrou ter o INSS integrado 79,09% das ações distribuídas nos Juizados Especiais Federais. [...] Assim sendo, a autarquia previdenciária é quem mais demanda trabalho do Poder Judiciário.

Denota-se que, embora os segurados da Previdência Social procurem mais a Justiça para resolver questões previdenciárias, é a Autarquia Previdenciária quem mais recorre ao 3º grau de jurisdição. Isso indica que o 2º grau de jurisdição, composto pelos Tribunais, tem apresentado um posicionamento mais favorável aos segurados do que ao INSS.

Analisando pontualmente o inteiro teor dos julgados observa-se que há uma discrepância na fundamentação que motiva as decisões do Tribunal Constitucional de acordo com o destinatário afetado. Esclarece-se que há uma tendência da Corte em ser legalista quando concede benefícios, ao contrário de quando nega direitos previdenciários, que tende a uma postura política.

Como dito anteriormente, a motivação do STF no momento de conceder direitos previdenciários é deontológica, pugnando pela subsunção do fato à norma, prestigiando as normas positivadas, sendo observado, assim, o princípio da estrita legalidade.

As decisões que conferem direitos não demandam exações jurídicas, quase não citam as terminologias inerentes aos Direitos Sociais, tais como direitos funda-

---

(72) CNJ. *100 maiores litigantes de 2012*. Disponível em: <http://www.cnj.jus.br/images/pesquisas-judiciarias/Publicacoes/100_maiores_litigantes.pdf>. Acesso em: 26.2.2015.
(73) GONÇALVES, O. O.; FLORIANI NETO, A. B. O comportamento oportunista do INSS e a sobreutilização do Poder Judiciário. In: CONPEDI (org.). *Direito e economia*. 1. ed. Florianópolis: FUNJAB, 2014. v. 1, p. 484-502.

mentais ou humanos. Trata-se de aplicação literal de Lei, conforme se depreende do próprio corpo da decisão como no caso dos autos ARE 734199, ARE 746835 e RE 771577 (itens 3, 5 e 6, respectivamente, da Tabela 6), exemplos nos quais a própria decisão cita se tratar de aplicação literal da legislação.

Nos casos de indeferimento de benefícios, quando há a negativa de direitos previdenciários, segue pelo caminho da construção jurídica, do sopesamento e ponderação de princípios e regras, muitas vezes baseadas em argumentos extrajurídicos.

Dos argumentos utilizados pela Autarquia Previdenciária três se destacam, sendo um argumento jurídico, que trata do princípio da contrapartida financeira, previsto no texto constitucional, e dois extrajurídicos, que consistem no déficit previdenciário e na reserva do possível.

Os argumentos extrajurídicos se referem a um Déficit da Previdência, que levaria à discussão da reserva do possível. O déficit previdenciário é uma exação, pois conforme vimos no capítulo 1 deste estudo, por meio dos relatórios apresentados anualmente pela ANFIP, ele comprovadamente não existe.

Embora não exista, ele é alegado, e mesmo sem comprovação contundente nos autos, adentra na discussão e pesa como fator para negativa da consecução dos direitos previdenciários.

As decisões fundadas em fatores extrajurídicos, de modo recorrente seguem o raciocínio de que há em determinados benefícios falta de fonte de custeio, que gera um desequilíbrio atuarial e aumenta assim o déficit previdenciário. E que por esta razão a concessão do benefício deveria ser sopesada com a reserva do possível.

Tal argumentação seria válida caso o objeto do pedido fosse uma extensão do benefício previsto no texto legal. Ocorre que a Constituição Federal tratou de instituir em seu texto, além dos benefícios sociais, também sua exata correspondência de fonte de custeio. Assim, se o pedido corresponde a um direito legal não há que se falar em falta de fonte de custeio, o que inviabiliza tais argumentações.

Ana Paula de Barcellos[74] trata deste tema quando fala das prestações positivas atreladas à contraprestação do segurado beneficiário:

> É importante lembrar, entretanto, que, embora fundada em um sistema contributivo, a previdência social conta com uma estrutura de custeio pulverizada, baseada no princípio da solidariedade social, como dispõe o art. 195 da Constituição. Isso significa que o beneficiário do sistema não é o responsável exclusivo pelo seu sustento; ao contrário, uma série de outras fontes de recursos é constitucionalmente destinada ao orçamento da seguridade como um todo, e também da previdência: contribuição dos

---

(74) BARCELLOS, 2002, p. 189.

empregadores, contribuição sobre os lucros, sobre a receita de concursos de prognósticos etc. Por isso é que a previdência pública deverá funcionar em bases substancialmente mais favoráveis para seus segurados que as empresas privadas de previdência ou seguro, que visam o lucro e dispõe apenas, como fonte de receita, do pagamento de seus clientes.

O argumento econômico é hoje uma realidade dentro da teoria constitucional, mas no tocante a Direitos Humanos Fundamentais ele deve ser utilizado para ajudar a garantir estes direitos, não para restringi-los ou negá-los.

Em alguns julgados essa problemática é explícita, como no caso dos processos que discutiam a decadência do direito de revisar benefícios (RE 626489 — item 139 das tabelas), no da concessão de aposentadoria especial com uso de equipamento de proteção individual (ARE 664335 — item 140 das tabelas), bem como na obrigatoriedade do prévio requerimento administrativo (RE 631240 — item 4 das tabelas), em que a análise econômica foi aplicada de um modo deturpado. Sendo claramente um fio condutor para a conclusão de que benefícios, mesmo que devidos, deveriam ser indeferidos para garantir o equilíbrio atuarial e não permitir a quebra do caixa da previdência social, tudo sob o manto da alegada segurança jurídica e reserva do possível.

A análise de todos os julgados mostrou que as vitórias do INSS no Tribunal Constitucional possuem esteio na argumentação econômica e política. Que há uma grande preocupação dos ministros com o aludido déficit previdenciário, mesmo que em tese este nunca tenha sido comprovado.

Outra questão que merece análise é a diferença no tratamento dado aos recursos extraordinários interpostos pelos segurados daqueles interpostos pelo INSS. Dos interpostos pelos segurados, têm na sua maioria indeferimento por alegação de que a ofensa constitucional se deu de modo apenas reflexo, sendo objeto do recurso matéria infraconstitucional. De todas as vezes que o motivo da não procedência do recurso foi matéria infraconstitucional, 70% foram negativas a recurso dos segurados. Ou seja, dificilmente a ofensa direta ao texto constitucional é cobrada como requisito dos recursos interpostos pelo INSS, pois o argumento econômico apontado é de pronto aceito como requisito de repercussão geral.

E ainda, saliente-se que nos únicos casos em que o recurso do INSS não foi recebido por tratar de matéria infraconstitucional, foi quando tencionava discutir matéria de prova.

Gráfico 4 — Diferença de tratamento processual entre partes

- Quando o motivo da não procedência do recurso foi alegação de matéria infraconstitucional
- 70% recursos de segurados
- 30% recursos do INSS

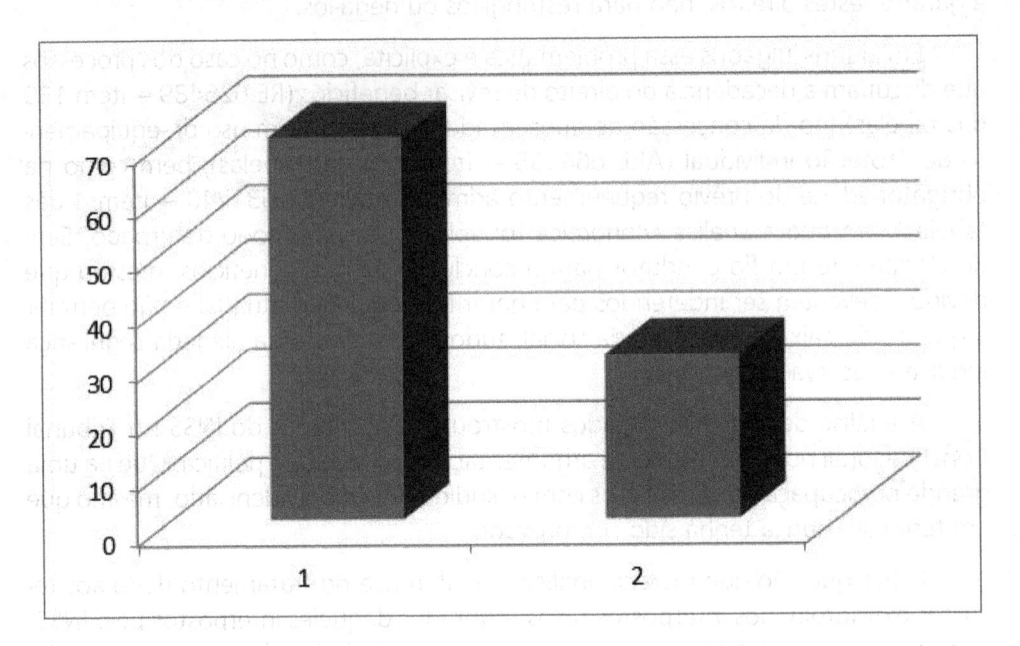

Outros fatores extrajurídicos apontados pelos ministros para indeferimento de direitos previdenciários que constam dos acórdãos analisados foram falta de estrutura do Poder Judiciário para bem julgar as demandas (RE 631240 — item 4 das tabelas), não aplicação da lei mais benéfica por falta da regra de contrapartida específica (RE 612982 — item 25 das tabelas). Estes aplicaram em seus julgados construções jurídicas que fogem à legalidade e à proteção dos direitos sociais em sua integralidade.

3.2. Argumentação extrajurídica em detrimento da norma legal: análise de casos pontuais

De toda pesquisa realizada três julgamentos de repercussão geral em especial se destacam pela total incoerência das argumentações que levaram, com o mesmo fundamento, a decisões diametralmente opostas.

Da pesquisa realizada, observa-se que o Poder Público tem reiteradamente saído vitorioso sob o argumento da violação do princípio da precedência de custeio, o qual inevitavelmente reforça o argumento extrajurídico de necessidade de se evitar ou diminuir o Déficit da Previdência.

Entretanto, o que causa estranheza é observar que o argumento extrajurídico, nos três casos que serão apontados, tenha levado a decisões tão opostas. Vejamos inicialmente dois exemplos citados pontualmente por Savaris[75]:

> No ano de 1993, caso clássico na Previdência Social, que envolvia a majoração dos benefícios em manutenção de aposentados e pensionistas, cuja segurança concedida pelo Superior Tribunal de Justiça restou cassada pelo STF nas Ações de Suspensão de Segurança ns. 471-9/DF e 472-7/DF, a lei não pôde retroagir em benefício destes, pela alegação do princípio da precedência de custeio e da possibilidade de desequilíbrio financeiro atuarial.
>
> No ano de 2004, no julgamento da Ação Direta de Inconstitucionalidade n. 3.105/DF, quando foi examinada a constitucionalidade da instituição de contribuições dos servidores públicos inativos e pensionistas, dado pela Emenda Constitucional n. 41/03, o princípio da contraprestação foi ignorado, alegando-se que o princípio da solidariedade social reclama a participação de todos, ainda que ausente qualquer contrapartida em termos de benefícios.
>
> Já no ano de 2013, quando a discussão envolvia a decadência do direito de revisar benefícios previdenciários a qualquer tempo, a decisão do Supremo Tribunal Federal foi de que a norma pode retroagir e abarcar casos pretéritos sem ferir a segurança jurídica e o direito adquirido.
>
> Apenas para esclarecer a temática da decadência cumpre explicar que, inicialmente no Regime Geral da Previdência Social, anterior ao Regime da Lei n. 8.213/91 que fora modificada pela Medida Provisória n. 1.523/97, não existia previsão legal de prescrição ou decadência do direito do segurado em pleitear a revisão do ato de concessão de seu benefício previdenciário.

Naquele tempo, portanto, a prescrição e a decadência não eram previstos legalmente nem pretendidos pelo ordenamento jurídico vigente, visto que, inclusive, firmou-se sólido entendimento jurisprudencial no seguinte sentido:

---

(75) SAVARIS, J. A. A aplicação judicial do direito da previdência social e a interpretação perversa do princípio da precedencia do custeio: o argumento Alakazan. *Revista Direitos Fundamentais e Democracia*, Curitiba, v. 10, n. 10, jul./dez. 2011.

[...]

Cuidando-se de revisão de benefício, a prescrição não atinge o fundo de direito, mas apenas as prescrições vencidas no quinquênio anterior à propositura da ação, nos termos do Enunciado n. 85 da Súmula do STJ. (Texto retirado do AGRESP n. 501503/PE — STJ — 6ª Turma — Relator Ministro Paulo Galotti — DJ 2.10.2006, p. 318)

Destarte, o contexto histórico resultante da sucessão legislativa é o seguinte:

- Até 27.6.1997 — não havia previsão legal de prazo decadencial, ou de prescrição de fundo de direito, para a revisão dos atos de instituição dos benefícios previdenciários;

- De 28.6.1997 a 20.11.1998 — tais revisões passam a estar sujeitas a prazo decadencial de 10 anos;

- De 21.11.1998 a 19.11.2003 — as revisões sujeitam-se a prazo decadencial de 5 anos;

- A partir de 20.11.2003 — tais revisões voltam a se submeter a prazo decadencial de 10 anos.

Surge assim conflito aparente de normas a ser necessariamente solucionado pelas regras de direito intertemporal e, na falta de previsão legal, pelos princípios gerais de Direito, que no caso em tela, considerando o caráter social da demanda, pugna por uma postura diferenciada do aplicador do Direito.

Para tanto, realizando a análise do caso concreto, na omissão do legislador devemos proceder conforme determina a Lei de Introdução ao Código Civil em seus arts. 4º e 5º, transcritos a seguir:

LEI DE INTRODUÇÃO AO CÓDIGO CIVIL

Art. 4º Quando a lei for omissa, os juízes decidirão o caso de acordo com a analogia, os costumes e os princípios gerais de direito.

Art. 5º Na aplicação da lei, o juiz atenderá aos fins sociais a que ela se dirige e às exigências do bem comum.

A natureza alimentar das verbas objeto de discussão em demandas de revisão de benefício previdenciário, combinada com a interpretação dos artigos anteriormente citados, exigem que, na omissão da Lei, o operador do direito decida as causas baseado nos princípios gerais de direito, sendo que a aplicação da Lei deve atender aos fins pretendidos pelo legislador no momento de sua criação.

No caso em tela, observando a Lei que regia o ordenamento jurídico à época do fato, não havia previsão legal que determinasse prazo a ser observado pelo segurado ou pela Autarquia Previdenciária, para revisão dos benefícios por ela concedidos, ao contrário, existia uma certeza de que a revisão de tais benefícios era imprescritível.

Assim, não pode lei posterior abalar e ferir o fundo de direito que assiste aos segurados que pertencem ao Regime, anteriormente à edição da Medida Provisória em questão, que alterou substancialmente o art. 103 da Lei n. 8.213/91 e ainda o direito daqueles que ele alcança.

Para melhor entender a violação de direitos humanos apontada, devemos observar que:

> a) O direito social em comento integra o rol dos direitos fundamentais de segunda dimensão, logo é assegurada sua proteção pelo texto constitucional.
>
> b) A nossa Constituição recepciona os pactos internacionais de direitos humanos como emenda à nossa Constituição, e como direitos fundamentais são imprescritíveis, contra eles não corre prazo decadencial, é o que orienta o Jurista e Juiz Federal, Savaris[76]:
>
> > [...]
> >
> > Mas a questão fundamental não é essa. E tampouco é saber se incide o prazo decadencial quando a revisão judicial se relaciona com tempo de serviço não discutido na esfera administrativa. E, com o máximo respeito, também não era fundamental analisar a letra da lei, para descobrir se o direito à revisão do ato de indeferimento de benefício previdenciário ou assistencial sujeita-se igualmente ao prazo decadencial de dez anos (Súmula n. 64 da TNU). <u>O que realmente importa nessa discussão é que os direitos humanos são imprescritíveis</u>. A qualquer tempo é possível e necessário fazer cessar a violação de direitos humanos. O direito à Previdência Social é expressamente reconhecido como direito humano em tratados de que a República Federativa do Brasil é signatária. Em matéria de proteção social, antes da Constituição de 1988, a Declaração Universal dos Direitos dos Homens pela Assembleia Geral das Nações Unidas, em 10.12.1948, ratificada pelo Brasil na mesma data, já dispunha em seu artigo XXV.
> >
> > [...]

---

(76) SAVARIS. J. A. *A prescrição do fundo do direito*. Blog do Juiz Federal Dr. José Antônio Savaris. Disponível em: <http://joseantoniosavaris.blogspot.com.br/2012/10/prescricao-do-fundo-do-direito-em.html>. Acesso em: 4.11.2013.

c) A nossa Constituição prevê a irretroatividade das normas, observe-se que, em caso análogo previdenciário, quando houve a majoração legal da cota de pensão por morte, o STF decidiu no RE 597.389/SP que a lei não poderia retroagir, mesmo que fosse para beneficiar as pensionistas.

d) Na previsão de custeio do art. 195, § 5º, da CF, estavam previstas as revisões nos cálculos atuariais da previdência, ou seja, o sistema foi feito para suportar esta demanda de pedido das revisões, antes da edição da norma que institui o prazo decadencial. Assim, o que o sistema não prevê, seriam as revisões de benefícios concedidos na vigência da norma. Quanto à segurança jurídica e o equilíbrio das contas públicas, elas estariam previstas nos cinco anos de prescrição quinquenal.

No entanto, recentemente, na data de 18.10.2013, o Supremo Tribunal Federal — Guardião da Constituição Federal Brasileira, decidiu contrariamente a todas essas argumentações, tendo conferido efeito retroativo à norma mais gravosa posterior, ferindo, assim, direitos humanos fundamentais atinentes aos direitos previdenciários dos cidadãos.

A decisão causou grande abalo social, tanto à comunidade jurídica quanto à classe dos aposentados e pensionistas, pois, em virtude dela, os segurados da Previdência Social, que se aposentaram antes de 1997, passaram a ser prejudicados por uma regra restritiva de direitos. Ou seja, passaram a estar adstritos a uma regra diferente da regra de regência contemporânea ao tempo de concessão de seus benefícios.

Desse modo, se antes seus benefícios não estavam sujeitos a prazo decadencial de revisão, passaram a enfrentar uma limitação mais gravosa e inconstitucional no seu direito do que a regra existente no momento de constituição do mesmo.

Com apenas esses dois exemplos, podemos perceber que não há homogeneidade no entendimento adotado pelas Cortes Superiores. O mesmo princípio foi aplicado, de modo distinto, em situações que envolviam direitos previdenciários coletivos análogos, sempre no interesse do Poder Público.

Observe-se que a análise pontual mostra dois casos clássicos, sendo que no primeiro caso citado, das pensionistas, o argumento utilizado foi de que a norma não poderia retroagir para beneficiar as seguradas por falta de precedente fonte de custeio. No caso da decadência em 2013, o argumento foi contrário, de que a norma poderia retroagir sem causar ofensa aos princípios gerais do direito previdenciário.

Em ambos os processos, os argumentos trazidos pela Autarquia Previdenciária remetiam a um parecer vinculativo da União que discorria sobre o déficit previdenciário e sobre os danos financeiros da prolação de acórdão favorável aos segurados. A análise pontual dos julgados denota menção explícita dos ministros ao referido abalo econômico da decisão.

Conclui-se, portanto, que os argumentos econômico e político de um suposto déficit tiveram o condão de superar as normas positivadas e se sobrepor às normas e princípios gerais que regem o direito humano fundamental previdenciário.

3.3. Conformidade do modelo jurídico atual de tomada de decisão face à falibilidade do argumento extrajurídico utilizado — crise entre democracia e Constituição

É inconcebível a tese de que o julgamento de casos concretos previdenciários deve se dar unicamente com base na previsão legal. A Lei não consegue abarcar todas as especificidades da vida social do indivíduo, abrindo, sim, margem para interpretação teleológica por parte do magistrado. Salienta-se, desse modo, ser impossível que um direito eminentemente social possa estar integralmente previsto no texto legal, justamente por suas características intimamente relacionadas às mudanças sociais.

O que preocupa, no entanto, é que dos dados obtidos por meio da pesquisa empírica, observamos a falta de parâmetro na tomada de decisão do magistrado ou de seus colegiados em instância superior. Decisões contra a letra da lei, que se baseiam unicamente em argumentos políticos ou econômicos, frustrando direitos sociais positivados no texto da nossa Constituição ou em Tratados internacionais dos quais o Brasil é signatário, portanto, também dotados de força constitucional.

A pesquisa empírica denota claramente que as decisões possuem fundamentos diferentes de acordo com os interesses em discussão e os sujeitos envolvidos. As decisões que negam direitos previdenciários têm nitidamente argumentação de cunho político, o que leva a aprofundar a análise das questões doutrinárias que permeiam essa atuação política/extrajurídica por parte dos tribunais.

Embora o argumento econômico possa ser utilizado como fundamento de decisões constitucionais, esse argumento deve se basear em dados verossímeis, bem como ser ponderado juntamente com os demais princípios constitucionais.

Muitas inverdades são utilizadas para manter o mito do Déficit da Previdência, com intuito de iludir os segurados e produzir argumentos que justifiquem a forma arbitrária com que a Autarquia Federal — Instituto Nacional da Seguridade Social — desenvolve suas atividades de gestão e controle da Previdência brasileira.

Essa falácia tem como base de sua argumentação a alegação de desrespeito aos princípios explanados anteriormente. Toda e qualquer iniciativa de interpretação do juiz por equidade esbarra na alegação inverídica de que a Previdência Social está quebrada.

Segundo a *Análise da Seguridade Social em 2010*, obra publicada anualmente pela Associação Nacional dos Auditores Fiscais da Receita Federal do Brasil (Anfip), em 2010 a Seguridade Social apresentou um superávit de R$ 58 bilhões. Em 2011, a compilação inicial de dados sobre o sistema aponta para um saldo positivo de R$ 78 bilhões, conforme texto[77] divulgado pela Câmara dos Deputados Federais, com base na obra *Análise da Seguridade Social em 2011*.

Por meio dessa pesquisa feita para o ano de 2010/2011[78], verifica-se que de toda a arrecadação feita, incluindo as contribuições previdenciárias propriamente e as contribuições sociais (COFINS, CSLL e outras), deduzindo o pagamento dos benefícios, tanto previdenciário como assistencial, e também despesas com Saúde e todas as demais despesas relacionadas com a estrutura do Sistema de Seguridade Social, como as despesas com o pessoal, o resultado é superavitário, significando que o Governo não arca com qualquer prejuízo, como é divulgado.

Observe-se que a arrecadação se dá a título de Previdência, porém o gasto orçamentário tem destinação diversa, tripartida com a Seguridade Social. Somente a Previdência arrecada, porém a destinação se divide em Previdência, Assistência e Saúde. Podemos falar que a Saúde e a Assistência de fato são um prejuízo, pois não possuem precedente fonte de custeio, quanto menos recolhimento solidário. Já a Previdência, além de superavitária, ainda "carrega nas costas" os outros dois grupos que compõem a Seguridade Social.

Podemos afirmar que os pacotes de medidas assistenciais, utilizados em larga escala pelo Poder Executivo, assolam o caixa único da Seguridade Social, vindo a repercutir negativamente, mais tarde, nos direitos dos segurados da Previdência Social, os quais são eminentemente contribuintes do sistema.

As medidas assistencialistas possuem um forte apelo populacional, e por este motivo são mantidas como prioridade pelo Poder Executivo, em detrimento da Previdência Social, que não gera votos, embora gere contribuição. Por esta razão, ao invés de ser a Previdência defendida pelo governo, acaba vendo recorrentemente seus direitos sucateados.

A sustentabilidade do Regime de Seguridade Social é sem dúvida um dos objetivos da nossa Constituição Federal. No entanto, o Princípio da precedência de custeio é dirigido, como já vimos, ao próprio Poder Público. A ele cabe gerir o sistema de modo responsável com a implementação das políticas públicas necessárias, não cabendo, portanto, ao Poder Judiciário, por via transversal, extirpar direitos com a finalidade de manter equilibrado o sistema do ponto de vista econômico-financeiro.

---

(77) Associação Nacional dos Auditores Fiscais. *Relatório Previdência Social ano 2011*. Disponível em: <http://www2.camara.gov.br/agencia/noticias/trabalho-e-previdencia/417111-associacao-de-auditores-lanca-balanco-da-seguridade-social-em-2011.html>. Acesso em: 18.10.2014.

(78) Associação Nacional dos Auditores Fiscais. *Relatório Previdência Social ano 2010*. Disponível em: <http://www.anfip.org.br/publicacoes/livros/includes/livros/arqs-pdfs/analise2010.pdf>. Acesso em: 18.10.2014

O objetivo do Sistema de Previdência Social não pode ser esquecido, conforme preleciona Barcellos[79]:

> O objetivo da previdência é exatamente, por meio de uma contribuição individual módica, associada a outras fontes de custeio repartidas pela sociedade como um todo, ser capa de assegurar um mínimo de benefícios à maioria absoluta da população. A parcela que não apresenta condições sequer de arcar com essa contribuição será atendida por outros mecanismos da assistência social, como o salário.

O que não é aceitável é que o Poder Público pressione politicamente o Poder Judiciário, ou que este, por conta própria, invista-se da obrigação de manter o sistema à custa de direitos sociais. Cada um deve responder por suas atribuições, sem interferir na competência do outro Poder.

Quanto menos pode o Poder Judiciário utilizar argumentos de ordem econômica em suas decisões, desrespeitando a letra da lei. Em se tratando de previdência, devemos lembrar, sobretudo, que não se trata de um favor concedido pelo Governo, mas sim de uma obrigação, em relação à sua contribuição recolhida aos cofres previdenciários.

Caso contrário, tais decisões serão inconstitucionais e ilegais, ferindo a segurança de todo o sistema jurídico brasileiro.

Vemos uma crise no modelo de tomada de decisão. Observa-se que nos julgamentos de matéria que envolve direito previdenciário o Poder Judiciário afasta direitos sociais atendendo à pressão do Poder Executivo, ou seja, do governo em exercício, indo em desencontro ao que fora promulgado pelo Poder constituinte originário, ferindo assim direitos legalmente impostos. Fica evidente neste momento o desfazimento do sistema de freios e contrapesos, quando um poder age no interesse do outro e não no controle de legalidade, evidencia-se a crise entre constitucionalismo e democracia.

Para Dworkin[80], a Constituição é a mãe da democracia, pois é por meio dela, seus princípios, garantias, e normas procedimentais, que a democracia se torna possível. É a Constituição que prevê e regulamenta o poder da maioria, equilibrado, frente aos direitos das minorias.

A aplicação dos direitos e garantias fundamentais dos indivíduos deve ser coerente, sendo direito de todos e por esta razão deve ser defendida contra qualquer ato ou vontade política diversa, mesmo que esta vontade seja da maioria. Ou seja, um ato que afronte os direitos das minorias não será aceito, mesmo que advindo de decisões majoritárias.

---

(79) BARCELLOS, 2002, p. 189.
(80) DWORKIN, 1999, p. 476.

A Constituição, entretanto, possui uma linguagem abstrata, sua aplicação no ordenamento jurídico vai depender da interpretação que lhe é dada no momento da subsunção da norma constitucional ao caso concreto. Por isso, o controle de constitucionalidade é tão importante no Estado Democrático de Direito. E este controle é realizado por meio do Poder Judiciário, seja de maneira difusa, por todos os magistrados, seja de maneira concentrada pelo STF. É ele que permite que, no momento da aplicação da norma, seja verificado pelo juiz se os direitos da minoria estão sendo respeitados.

Pode ocorrer de suas ações extrapolarem os limites da tripartição de poderes, invadindo funções do Legislativo e do e Executivo. Para Dworkin, "essa inusitada intrusão judicial nas funções administrativas é apenas a consequência, em circunstâncias extremamente especiais e conturbadas, de uma visão perfeitamente tradicional do cargo de juiz"[81].

O Poder Judiciário tem o papel de guardar a democracia e para evitar que o Poder Judiciário seja tirano, Dworkin explica que os juízes não devem impor seus próprios pontos de vista aos outros Poderes do Estado. Para ele: "O direito como integridade condena o ativismo e qualquer prática de jurisdição constitucional que lhe esteja próxima"[82]. Insiste em que os juízes apliquem a Constituição por meio da interpretação, querendo com isso, dizer que suas decisões devem ajustar-se à prática constitucional, ao uso de princípios e garantias fundamentais.

Dworkin explica que a Constituição acaba por instituir direitos individuais contra o Estado e contra a maioria. Mas, ressalta que a maioria tem seus objetivos preservados pela mesma Constituição, nos seguintes termos:

> O cerne de uma pretensão de direito [...], é que um indivíduo tem direito à proteção contra a maioria, mesmo à custa do interesse geral. Sem dúvida, o conforto da maioria exigirá alguma adaptação por parte das minorias, mas apenas na medida necessária para a preservação da ordem.[83]

Desse modo, caberá à Constituição dar solução aos problemas decorrentes da diferença de vontade entre maioria e minoria. No entanto, a aplicação da Constituição fica a cargo do Poder Judiciário, a quem caberá controlar a extensão de sua aplicabilidade e eficácia.

Gisele Leite[84], afirma que para melhor compreender a atuação do Poder Judiciário em relação ao controle feito sobre a produção legislativa, por meio do controle de constitucionalidade, é relevante examinar o conceito de democracia para

---

(81) DWORKIN, 1999, p. 476.
(82) DWORKIN, 1999, p. 449.
(83) DWORKIN, 1999, p. 476.
(84) LEITE, G. Ativismo judicial, constitucionalismo e democracia. *Jus Navigandi*, Teresina, ano 19, n. 3.898, 4 mar. 2014. Disponível em: <http://jus.com.br/artigos/26337>. Acesso em: 13.1.2015.

que seja possível analisar algumas contrariedades existentes em algumas formas de atuação da Corte Suprema em relação a esta forma de governo.

No desenho da democracia está o princípio da separação de Poderes e sua influência no contexto brasileiro, demonstrando possíveis flexibilizações e limites impostos pelo legislador. Há inúmeras questões a respeito da judicialização política, capacidade e premissas hermenêuticas, bem como o acompanhamento de algumas decisões que nitidamente abrangem matérias de cunho político, para que se possa avaliar o direcionamento tomado pelo STF nas questões relativas à fiscalização da produção legislativa. Concluímos que a democracia e o constitucionalismo, antes de se antagonizarem, em verdade se complementam estabelecendo uma relação produtiva e de permanente releitura do texto constitucional.

A Constituição protege a democracia, mas protege também uma gama maior de direitos e garantias fundamentais. Colocadas, portanto, no mesmo patamar de importância, a democracia não pode ferir tais direitos, sejam eles coletivos ou individuais.

Porém, é com base na democracia que as decisões são tomadas em nosso Estado de Direito. E o que deve ser feito se esta democracia fere direitos fundamentais?

Com base no que verificamos até o momento, cabe à Constituição a tutela dos direitos fundamentais, e ela o faz, colocando tais direitos como cláusulas pétreas. De modo que são imutáveis, invioláveis, fazendo parte de um conjunto rígido que não comporta disponibilidade ou redução.

Desse modo, enquanto a Constituição permanecer como norteadora do ordenamento jurídico vigente neste Estado de Direito, nem mesmo decisões democráticas poderão alterar tais princípios e garantias constitucionalmente garantidos.

Portanto, cabendo ao juiz poder tão importante de regular a aplicação da Constituição, sua conduta também deve ser regulada e limites a sua atuação precisam ser impostos. O princípio da legalidade deve ser respeitado, uma vez que representa a vontade do constituinte ordinário. E a interpretação do direito posto, embora permeada e composta por princípios, não pode fugir às intenções que eram buscadas pelo legislador ordinário, eleito pelo povo, logo representante deste.

Contudo, nem sempre a interpretação da Constituição com base nos princípios será capaz de proteger direitos e garantias fundamentais. No caso do julgamento da decadência no direito previdenciário o que se viu foi a aplicação de princípios de modo deturpado.

Para Dworkin o juízo de ponderação e razoabilidade do julgador, defendido por alguns autores, enfrenta limites formais e materiais. Embora os princípios sejam balizadores da aplicação do direito material, precisam se pautar pela legalidade e respeitar a intenção do constituinte originário. Caso contrário, haveria uma subversão do regime democrático, no ponto em que é dado ao Poder Judiciário alterar o sentido de uma norma legal por meio da interpretação principiológica do direito.

O que seria então esta ideia de subversão do Estado Democrático de Direito?

De acordo com o Dicionário Aurélio[85] subversão decorre da ação ou efeito de subverter; prática de atos subversivos; revolta, insubordinação contra a autoridade, as instituições, as leis e os princípios estabelecidos.

A descrição acima exprime exatamente o que temos visto na relação espúria havida entre os três Poderes do Estado: Legislativo, Executivo e Judiciário.

Por óbvio não se defende a soberania do princípio da legalidade sobre os demais, até porque os princípios não possuem prevalência uns sobre os outros, entretanto, há que se salientar que, havendo o direito positivado no texto legal, este corresponde a uma regra jurídica, objetiva e literal, não podendo ser mitigada sob juízo de ponderação no exercício do poder de interpretação do julgador.

Permitir que direitos e garantias fundamentais sejam sopesados em juízos de ponderação onde não há conflito com outros direitos de mesma natureza fere a democracia e a divisão dos poderes, uma vez que o Judiciário estaria sendo autorizado a invadir a esfera do Legislativo, mais especificamente na competência do constituinte originário, que foi o responsável pelo desenho inicial da Constituição e inclusão de diversos desses direitos no rol de cláusulas pétreas.

Assim, a menos que isso ocorra por via do controle de constitucionalidade, e a norma venha a ser invalidada no mundo jurídico, não há que se falar em afastar sua aplicabilidade por via transversal, por meio da aplicação de postulados de ponderação. Um princípio não pode derrogar um direito posto objetivamente na Constituição da República nem em Tratados Internacionais, principalmente quando se está diante de direitos humanos, quando, inclusive, passa a ter força de norma constitucional.

Observa-se que o direito previdenciário, via de regra, exige do julgador uma postura de política estatal para se concretizar. Ao se deparar com tais questões, ou com qualquer outra, os juízes se veem, segundo Ronald Dworkin[86], com três questões diferentes para decidir: as questões de fato, as questões de direito e as questões interligadas de moralidade, política e fidelidade.

A integridade segundo o autor é uma terceira virtude política, ao lado da justiça e do devido processo legal, a qual se refere ao compromisso de que o governo aja de modo coerente e fundamentado em princípios com todos os seus cidadãos, a fim de estender a cada um os padrões fundamentais de justiça e equidade:

---

(85) FERREIRA, A. B. H. *Dicionário Aurélio básico da língua portuguesa*. Rio de Janeiro: Nova Fronteira, 1988.
(86) DWORKIN, Ronald. *O império do direito*. 2. ed. Tradução: Jefferson Luiz Camargo. São Paulo: Martins Fontes, 2007. p. 5-6.

> Nossos instintos sobre a conciliação interna sugerem outro ideal político ao lado da justiça e da equidade. A integridade é o nosso Netuno. A explicação mais natural de porque nos opomos às leis conciliatórias apela a esse ideal.[87]

A teoria da integridade de Dworkin parte de dois aspectos distintos: um legislativo e outro jurisdicional, o primeiro na tarefa imposta ao Poder Legislativo, de tornar o conjunto de leis do Estado moralmente coerente, e o segundo dirigido ao Poder Judiciário, para que, durante a sua atuação judicante, juízes e colegiados, tomem a coerência moral que deve envolver o ordenamento jurídico como seu pilar hermenêutico[88].

É preciso compreender a distinção entre esses dois aspectos para que a teoria da integridade não seja tomada apenas como um conceito jurisdicional e filosófico, mas sim como uma premissa de direção do Estado.

Assim, o autor explana que a integridade não seria uma virtude autônoma necessária em Estados utópicos, mas totalmente necessária em Estados ordinários. Seria desnecessária em Estados utópicos, onde a virtude está sempre presente, já que nestes Estados as autoridades fariam somente o que é perfeitamente justo e imparcial, *a contrario sensu* do que ocorre com os Estados ordinários, nos quais não é incomum que instituições imparciais tomem, por vezes, decisões injustas e instituições parciais, às vezes, tomem decisões justas[89].

Ou seja, é necessária a coerência moral do arcabouço legal e normativo do Estado, portanto, a integridade é a garantia e pilar da existência do verdadeiro Direito, como também aspecto democrático, pelo que, por óbvio, não clama os cidadãos residentes em utopias, no conceito de Estado natural de Rousseau, onde somente a virtude impera, pois a coerência moral nesses abençoados locais é a característica mais elementar de qualquer do povo e de todas as instituições, *a contrario sensu* dos Estados ordinários.

Observa-se que a teoria da integridade de Dworkin forma uma tríade importante entre Poder Legislativo, Poder Judiciário e Sociedade. Cada uma dessas esferas exerce protagonismo na integridade, a falta da observância dos seus fundamentos por qualquer destes impede o fechamento triangular da teoria, o que acarreta a não incidência da integridade em determinado Estado. O descomprometimento de um dos elos da corrente ocasionará a frustração da teoria. Essa complementaridade das distintas facetas envolvidas é essencial para que a teoria possa dar respostas às perguntas.

Sendo a integridade, portanto, uma terceira virtude política, ao lado da justiça e do devido processo legal, esta se refere ao compromisso de que o governo aja de

---

(87) DWORKIN, 2007, p. 202.
(88) DWORKIN, 2007, p. 213.
(89) DWORKIN, 2007, p. 215.

modo coerente e fundamentado em princípios com todos os seus cidadãos, a fim de estender a cada um os padrões fundamentais de justiça e equidade[90].

Nas palavras do autor, "Nossos instintos sobre a conciliação interna sugerem outro ideal político ao lado da justiça e da equidade. A integridade é o nosso Netuno. A explicação mais natural de porque nos opomos às leis conciliatórias apela a esse ideal"[91].

Assim, por mais que não consideremos a integridade como um ideal político, faz parte da nossa moral política coletiva que a comunidade como um todo, e não apenas as autoridades, individualmente consideradas, deva atuar de acordo com princípios[92].

Como consequências práticas da integridade, Dworkin assevera o fato de que a integridade contribui para a eficiência do direito, uma vez que quando as pessoas são governadas por princípios há menos necessidade de regras explícitas, e o Direito pode expandir-se e contrair-se, organicamente, na medida em que se entenda o que ele exige em novas circunstâncias[93].

São vislumbradas também consequências morais, tais como a possibilidade de cada cidadão aceitar as exigências que lhe são feitas e fazer exigências aos outros, que compartilham e ampliam a dimensão moral de quaisquer decisões políticas explícitas[94].

Dworkin ressalta:

> A integridade, portanto, promove a união da vida moral e política dos cidadãos: pede ao bom cidadão, ao decidir como tratar seu vizinho quando os interesses de ambos entram em conflito, que interprete a organização comum da justiça à qual estão comprometidos em virtude da cidadania.

Outro aspecto conceitual da integridade se vincula à legitimidade política, a partir do modelo de princípio para fins de práticas associativas, no qual a comunidade e os membros aceitam que são governados por princípios comuns e não apenas por regras criadas por um acordo político. Admitem que seus direitos e deveres políticos não se esgotam nas decisões particulares constantes nas regras, mas dependem, de maneira mais ampla, do sistema de princípios que essas decisões pressupõem[95].

---

(90) DWORKIN, 2007, p. 202.
(91) DWORKIN, 2007, p. 202.
(92) DWORKIN, 2007, p. 224.
(93) DWORKIN, 2007, p. 229.
(94) DWORKIN, 2007, p. 230.
(95) DWORKIN, 2007, p. 252-255.

E assim, qualquer interpretação construtiva bem sucedida das práticas políticas deve reconhecer a integridade como um ideal político distinto. Fato que muitas vezes gera confusão conceitual, pois, apesar de parecer o contrário, a integridade não se reduz à coerência do ordenamento jurídico, ela vai além ao exigir que as normas públicas da comunidade sejam criadas e vistas, na medida do possível, de modo a expressar um sistema único e coerente de justiça e equidade, na sua correta proporção. Uma instituição que aceite esse ideal às vezes irá, por esta razão, afastar-se da estreita linha das decisões anteriores, em busca da fidelidade aos princípios concebidos como mais fundamentais a esse sistema como um todo[96].

Dessa forma, muitos são os pontos sobre os quais podem haver divergências, e questiona-se nesse momento qual o papel do juiz ao julgar um processo que está em suas mãos, se deve ele simplesmente aplicar o direito ou tentar sempre aperfeiçoá-lo em conjunto com o ordenamento vigente.

E ainda, havendo ausência de norma jurídica, se devem os juízes preenchê-la preservando o direito em questão (ordenamento jurídico vigente) ou devem fazê-lo com o intuito de alcançar uma resposta que represente a vontade popular.

Dworkin, entretanto, frisa que o direito é um fenômeno social[97] mas sua complexidade e consequências dependem de uma característica de sua estrutura, que é a prática da argumentação[98]. E esse aspecto pode ser estudado sob dois prismas — colocando em debate — o porquê de certos argumentos jurídicos se desenvolverem ou não em certas épocas e circunstâncias, e sob o ponto de vista interno — que questiona os fundamentos desse direito que está sendo reivindicado.

Dworkin trabalha o direito como prática interpretativa[99], acrescentando à atividade judicial o princípio da integridade, que instrui os juízes a identificar os direitos e deveres a partir de pressupostos criados pela comunidade e que expressam uma concepção coerente de justiça e equidade. Ou seja, ele valoriza a interação entre o direito e a sociedade, colocando os anseios dos destinatários da norma como um fato a ser analisado pelo juiz.

Todavia, tal atividade é reconhecidamente árdua e para tentar melhor explicá-la o renomado autor criou um juiz imaginário, o qual chamou de Hércules, dotado de talentos excepcionais, porque consegue desenvolver uma interpretação plena de todo o direito que rege uma comunidade[100]. Fazendo, portanto, a análise do todo sociedade e ordenamento jurídico.

---

(96) DWORKIN, 2007, p. 264.
(97) DWORKIN, 2007, Capítulo I.
(98) DWORKIN, 2007, Capítulo III.
(99) DWORKIN, 2007, Capítulo VI.
(100) DWORKIN, 2007. Capítulo IX.

Esse juiz imaginário — Hércules — é virtuoso e reconhece que a aplicação do direito exige a prática da integridade, ou seja, o direito como integridade pede que os juízes admitam que o sistema jurídico é estruturado por um conjunto coerente de princípios sobre a justiça, a equidade e o devido processo legal, de modo que a interpretação do juiz, quando colocada à prova, deve conseguir fazer parte de uma teoria coerente que consiga justificar o sistema (composto de estruturas e decisões judiciais consagradas nos repertórios de jurisprudência) como um todo.

Dworkin reconhece que nenhum juiz real é capaz de desenvolver as virtudes de Hércules, pois, na prática, conhecerá suficientemente o problema que está em suas mãos, mas permitir que sua interpretação se estenda a casos semelhantes e pertencentes ao mesmo campo decorre de um processo inconsciente, polêmico e sem qualquer método de interpretação.

Como solução para aqueles juízes que aceitam o ideal interpretativo da integridade, Dworkin recomenda que ao se decidir um caso, o juiz procure encontrar em algum conjunto coerente de princípios os fundamentos dos direitos e deveres das pessoas, e que reflitam ainda a estrutura política e jurídica da comunidade[101].

Ressalte-se que tal tarefa não é fácil, pois em casos complexos vários são os conjuntos de princípios que se ajustam a um mesmo caso, nos levando a crer que não existe uma única solução verdadeira.

Dworkin[102] salienta que é cada vez mais comum que questões de índole estritamente política sejam decididas pelo Poder Judiciário, não apresentando nenhuma vantagem a retirada dessas questões do âmbito do Legislativo/Executivo para serem solucionadas pelos Tribunais, pois isso enfraquece a legislatura democraticamente eleita e diminui o poder político das pessoas que elegeram essa legislatura. Refletindo, assim, a intervenção pura e clara de um dos poderes da República, o Judiciário, no âmbito de outro, Executivo ou Legislativo.

Dworkin afirma quanto à possibilidade de revisão de julgamentos políticos pelo Poder Judiciário, que não há como o Tribunal substituir aqueles por novos julgamentos, agora de sua autoria, mas reconhece que a revisão judicial assegura que as questões mais fundamentais de moralidade política sejam debatidas como questões de princípio e provoca que o debate político inclua o argumento acerca do princípio, não sendo necessário esperar que o caso seja levado ao Tribunal para tanto.

Para Dworkin, portanto, claramente se percebe que há distinção entre as funções do Poder Judiciário e do Legislativo/Executivo quando se está tratando de políticas públicas. É bem verdade que o Poder Judiciário tem a função constitucional de controlar os demais Poderes e, nesse âmbito de atuação, exercer o controle das

---

(101) DWORKIN, 2007, Capítulo VI.
(102) DWORKIN, R. *Uma questão de princípio*. 2. ed. Tradução: Luis Carlos Borges. São Paulo: Martins Fontes, 2005. p. 26.

políticas públicas, com a possibilidade de intervir diretamente no espaço tradicionalmente reservado à discricionariedade administrativa.

Ora, o juiz se lança em uma verdadeira aventura política, pois ainda que possa oferecer alguma solução pontual, não vê e nem controla o impacto de sua decisão, com enormes riscos políticos, jurídicos, econômicos e até de agravamento dos problemas que se pretende resolver, e esse é um ponto fundamental quando se está diante de um caso concreto que repercutirá na ação e no orçamento estatal.

Nas palavras de Gisele Cittadino[103], permitir tais abusos significaria "autorizar os tribunais, especialmente as Cortes Supremas, a atuar como profetas ou deuses do direito, consolidando aquilo que já é designado como 'teologia constitucional' e imunizando a atividade jurisprudencial perante a crítica à qual originalmente deveria estar sujeita".

A crítica aos poderes ilimitados dos ministros da Suprema Corte Brasileira vem desenhada nas palavras de Claudia Maria Barbosa[104], quando afirma que:

> A Constituição Brasileira, promulgada no seio de um processo de transição para um estado democrático de direito, buscando assegurar a concretização de direitos e garantias nela previstos, colocou-os sob o manto e proteção do Judiciário e nesta seara inovou duas vezes [...]. Em decorrência, os magistrados brasileiros, especialmente os ministros do Supremo Tribunal Federal, no afã da proteger a nova Carta, acabaram por acumular a um só tempo os poderes do juiz norte-americano e alemão, sem os freios e contrapesos que lhes são típicos: a doutrina do *stare decisis* e *jurisdição concentrada*, respectivamente.

O STF, cujas decisões foram objeto da pesquisa empírica deste trabalho, assumiu nitidamente uma postura política nos últimos anos. E como vimos no resultado da pesquisa empírica realizada no item 3, as decisões são de cunho político, pois possuem enquadramento jurídico diferenciado, dependendo de quem figura no polo ativo ou passivo da demanda.

Contudo, esta atuação jurisdicional da Corte constitucional brasileira precisa encontrar limites a fim de proteger os direitos constitucionalmente postos. Como vimos na crise entre democracia e Constituição deve prevalecer a Constituição, vez que esta prestigia o direito das minorias. Mas para ir, além disso, precisamos de limites objetivos nos modelos de tomada de decisão.

Desse modo, o intérprete da norma se baseará nos princípios, regras e postulados normativos, a fim de dar ao texto o fim originário ao qual fora destinado.

---

(103) CITTADINO, Gisele. *Poder judiciário, ativismo judiciário e democracia*, 2004. p. 108.
(104) BARBOSA, Claudia Maria. *A legitimidade do exercício da jurisdição constitucional no contexto da judicialização da política*, 2008. p. 175.

Assim, quanto à estrutura normativa há uma diferença substancial entre regras e princípios. Esclarece Humberto Ávila[105] que

> As regras podem ser dissociadas dos princípios quanto ao modo como prescrevem o comportamento. Enquanto *as regras são normas imediatamente descritivas*, na medida em que estabelecem obrigações, permissões e proibições mediante a descrição da conduta a ser adotada, *os princípios são normas imediatamente finalísticas*, já que estabelecem um estado de coisas cuja realização é necessária à adoção de determinados comportamentos. Os princípios são normas cuja qualidade frontal é, justamente, a determinação da realização de um fim juridicamente relevante, ao passo que característica dianteira das regras é a previsão do comportamento.

Já os postulados correspondem a normas metódicas, que estruturam a correta interpretação e aplicação dos princípios e das regras, ou seja, dão o caminho a ser seguido, com base na relação entre elementos do objeto a ser interpretado com base em alguns critérios.

Alguns desses postulados não exigem critérios específicos como, por exemplo, o critério da ponderação, pois ele consiste em atribuir peso, valor a elementos que se entrelaçam, sem referência material que o oriente.

Outros postulados exigem sim critérios específicos como, por exemplo, postulado da igualdade que exige a existência de dois sujeitos e da relação havida entre eles. O da razoabilidade, aplicado como diretriz, exige uma relação entre normas gerais e a individualidade do caso concreto. O postulado da proporcionalidade exige uma relação de causalidade entre um meio e um fim concretamente perceptível. E por fim o postulado da adequação e necessidade que será aplicado, de dois modos diferentes, quando se tratar de atos jurídicos gerais, sob o ponto de vista abstrato, geral e prévio. E quando se tratar de atos jurídicos individuais, sob o ponto de vista do plano concreto, individual e prévio.

Havendo colisão entre regras e princípios, Ávila[106] resolve a questão do seguinte modo:

> Como já mencionado, as regras possuem uma rigidez maior, na medida em que a sua superação só é admissível se houver razões suficientemente fortes para tanto, quer na própria finalidade subjacente à regra, quer nos princípios superiores a ela. Daí por que as regras só podem ser superadas (*deseasibility of rules*) se houver razões extraordinárias para isso, cuja avaliação perpassa o postulado da razoabilidade, adiante analisado. A expressão "trincheira" bem revela o obstáculo que as regras criam para

---

(105) ÁVILA, H. *Teoria dos princípios.* 4. ed. São Paulo: Malheiros, 2005. p. 70.
(106) ÁVILA, 2005, p. 83.

sua superação, bem maior do que aquele criado por um princípio. Esse é o motivo pelo qual, se houver um conflito real entre um princípio e uma regra de mesmo nível hierárquico, deverá prevalecer a regra e, não, o princípio, dada a função decisiva que qualifica a primeira. A regra consiste numa espécie de decisão parlamentar preliminar acerca de um conflito de interesses e, por isso mesmo, deve prevalecer em caso de conflito com uma norma imediatamente complementar, como é o caso dos princípios. Daí a *função eficacial de trincheira* das regras.

Assim, havendo conflito de interesses entre regras e princípios, considerando no caso em tela, direitos humanos previdenciários, como o direito de revisar benefícios previdenciários discutidos anteriormente, deve preponderar a regra, vez que é direta e concreta.

A regra consubstancia um direito. No caso, por exemplo, da aplicação retroativa da decadência, fere direitos fundamentais protegidos pelo texto constitucional.

Desse modo, um princípio aplicado com base em postulados de ponderação e razoabilidade não pode retirar de uma norma objetiva sua eficácia no mundo jurídico como vem acontecendo nos julgados do Supremo Tribunal Federal. Observe-se que se trata de regras e princípios constitucionais, logo de mesma hierarquia no ordenamento jurídico.

Para que a regra pudesse ser desconsiderada, deveria haver algum elemento extraordinário, e argumentos econômicos adjacentes ao texto legal não possuem esse condão.

Assim, tomando como exemplo o julgamento do Supremo Tribunal Federal que atribuiu efeito retroativo à norma que prevê a inclusão do instituto da decadência ao direito de revisar benefícios, afrontando texto literal constitucional e de normas ordinárias, com base apenas na ponderação de argumentos econômicos que sugerem a limitação orçamentária do Estado, não podem prosperar.

Quando o Poder Judiciário retira aplicabilidade de norma constitucional, sem motivos que se justifiquem, subverte o regime democrático, fere regras gerais do direito e incita à insegurança jurídica, como bem esclarece Manuel Hespanha[107]:

> Dessa forma, afirma-se que a crise econômica e financeira transformou-se em uma crise da democracia e do direito, tendo em vista que as decisões políticas têm deixado de se aferir pela correspondência com a vontade popular expressa pelo sistema democrático, para ser avaliada

---

(107) HESPANHA, A. M. *A revolução neoliberal e a subversão do "modelo jurídico":* crise, direito e argumentação jurídica. Lisboa: Almedina, 2013. p. 213.

pela sua conformidade e adequação financeira e econômica, o que denota a sujeição da política democrática à tecnocracia, no sentido de que as questões políticas não dependem da política, mas da "ciência" e da opinião dos técnicos.

Nesse sentido, observa-se que a tecnicidade da avaliação jurídica sobre o fato perde seu sentido democrático, uma vez que a norma, proferida pelo Poder constituinte originário (Legislativo) passa a ser aplicada e conduzida dentro do ordenamento jurídico dentro de um juízo subjetivo do Poder Judiciário, o que não atende os interesses do texto constitucional.

Não é dado ao Poder político escolher, selecionar as normas sociais que pretende ou não cumprir. Desse modo, não pode o Poder Judiciário se curvar aos argumentos de ausência de recursos financeiros. Hespanha[108] frisa que:

> Nesse contexto, admitida a impossibilidade de prestações pecuniárias pelo Estado, teria que se admitir também para os particulares, sendo que a não generalização das soluções jurídicas, o seu uso seletivo, leva à arbitrariedade.

A função do Poder Judiciário é exatamente a de proteger direitos sociais, o que significa impor sua consecução pelos meios inerentes, buscando fazer prevalecer a vontade da Constituição. Para isso foi empossado do poder contramajoritário que o distingue dos outros dois Poderes, Executivo e Legislativo. Pois, mesmo que precise decidir contrariando a vontade destes deverá fazê-lo, com respeito à vontade do Poder constituinte originário, que jurou proteger.

Em suma, é evidente a dificuldade que paira sobre a atuação do magistrado que se, por um lado, tem que dar uma solução ao caso concreto, por outro lado, não deve se atribuir função política, sob pena de o magistrado se envolver em questões que estão fora do seu alcance e invadir a atribuição dos demais Poderes. Para melhor solucionar uma questão difícil, para Dworkin, o magistrado não pode, portanto, se afastar do Direito — que possui um plano racional jurídico baseado em princípios e normas, devendo utilizar argumentos de natureza jurídica, e não de natureza política, sob pena do magistrado se envolver em questões que estão fora do seu alcance e invadir a atribuição dos demais Poderes.

Ronald Dworkin, em sua obra *Uma Questão de Princípio*[109], fala sobre questões teóricas fundamentais da filosofia política e da doutrina jurídica, estabelece diferenças entre o Direito e a política e defende a ideia de que uma decisão judicial deve fundamentar-se em questões de princípio e não de política[110].

---

(108) HESPANHA, 2013, p. 209.
(109) DWORKIN, Ronald. *Uma questão de princípio*. 2. ed. Tradução: Luis Carlos Borges. São Paulo: Martins Fontes, 2005.
(110) DWORKIN, 2005, Parte I.

O mencionado autor demonstra em sua obra que os juízes devem basear suas decisões em argumentos de princípio político[111] (especialmente o princípio da igualdade) e não em argumentos de procedimento político, sob pena de serem ilegítimas as decisões por afrontarem o sistema representativo sobre o qual assenta a democracia[112], mais especificamente a divisão de poderes já abordada anteriormente quando explanado sobre a subversão da democracia.

Retomando as ideias de Dworkin, o magistrado não pode se afastar do Direito — que possui um plano racional jurídico baseado em princípios e normas, e resolver o caso concreto utilizando-se de argumentos de procedimento político-econômico, pois, aos argumentos de natureza jurídica, não se pode responder com argumentos de natureza política.

Em suma, não cabe ao Judiciário a utilização de argumentos políticos (dentre outros, afastados do Direito), pois se exige nesses casos que ocorra o controle, sob o manto dos princípios e normas jurídicas.

Para melhor solucionar uma questão difícil, o magistrado não pode, portanto, se afastar do Direito — que possui um plano racional jurídico baseado em princípios e normas, devendo utilizar argumentos de natureza jurídica, e não de natureza política.

Eis nesse momento a visível importância da aplicação da teoria da integridade defendida por Dworkin[113] e explanada anteriormente:

> Mostrarei que uma sociedade política que aceita a integridade como virtude política se transforma, desse modo, em uma forma especial de comunidade, especial num sentido de que promove sua autoridade moral para assumir e mobilizar monopólio de força coercitiva. Este não é o único argumento em favor da integridade, ou a única consequência de reconhecê-la que poderia ser valorizada pelos cidadãos. A integridade protege contra a parcialidade, a fraude ou outras formas de corrupção oficial, por exemplo.

Nas palavras de Dworkin uma comunidade que promove a autoridade moral como base da aplicação da força coercitiva se transforma num tipo especial de comunidade, protegida contra fraudes e corrupção. Porque a moral seria um princípio basilar da política.

Em nosso Judiciário brasileiro não vemos o princípio da moralidade aplicado dentro do parâmetro da dignidade da pessoa humana. Nossos direitos fundamentais prescindem de uma postura firme de defesa que eleve tais valores, moralidade

---

[111] DWORKIN, 2005, p. 6.
[112] DWORKIN, 2005, p. 7-26.
[113] DWORKIN, O império do direito, 2007. p. 228.

e dignidade, a *status* norteador da aplicação da lei. Enquanto isso não acontecer, enquanto a teoria da integridade não for naturalmente concebida por nossos julgadores, mister se faz, para segurança jurídica dos administrados, que a letra da lei seja respeitada.

Dworkin esclarece:

> A doutrina jurídica figura em boa parte do debate, não como um exercício de história ou doutrina jurídicas, mas antes porque o Direito confere uma forma especial e esclarecedora à controvérsia política. Quando questões políticas vão ao tribunal — como sempre acontece, mais cedo ou mais tarde, nos Estados Unidos, pelo menos — exigem uma decisão que seja, ao mesmo tempo, específica e calcada em princípios. Devem ser decididas pormenorizadamente, na sua plena complexidade social, mas a decisão deve ser fundamentada como a emanação de uma visão coerente e imparcial de equidade e justiça porque, em última análise, é isso que o império da lei realmente significa.[114]

O império do direito, dessa maneira, em sua visão mais singular impõe a atividade jurisdicional independente, mas ancorada em preceitos da integridade, ou seja, que interiorize conceitos de equidade, justiça e devido processo legal adjetivo para últimos fins de, com a sua hermenêutica qualificada, realizar os objetivos de coerência, moral no ordenamento, o qual refletirá em virtudes na comunidade envolvida.

---

(114) DWORKIN, *Uma questão de principio*, 2005. Capítulo VIII.

Conclusão

O Estado moderno encontra-se em crise. O modelo jurídico de decisão não atende mais às necessidades da sociedade e o sistema tradicional de tripartição de poderes se encontra falido. Todas essas afirmativas são graves e decorrem da grave crise que enfrenta o Estado Democrático de Direito nos dias atuais.

Os limites existentes entre Legislativo, Executivo e Judiciário encontram-se deturpados pela corrupção e o tráfico de influências. Observa-se com nitidez a confluência de interesses entre os três Poderes, quando um age em interesse do outro.

Nas últimas duas décadas tem-se observado um posicionamento contraditório dentro dos Tribunais Superiores. A mesma matéria ou os mesmos princípios têm recebido tratamento muito diferenciado no tocante a sua valoração hermenêutica.

Da busca realizada, foram encontrados 140 (cento e quarenta) julgados, dos quais 136 (cento e trinta e seis) correspondem a acórdãos e 4 (quatro) a repercussões gerais. Tais resultados foram filtrados para atender às necessidades e o foco desta pesquisa, restando 111 julgados aptos para análise e estudo do tema proposto. Na sequência os julgados foram analisados individualmente, tomando como base o voto vencedor, foram divididos em grupos temáticos, dos quais foram extraídas as informações referentes ao objeto do recurso, porcentagem de procedência das partes, titularidade dos recorrentes e fundamentação da negativa de procedência dos pedidos.

Dos resultados advindos da pesquisa empírica deste trabalho, conclui-se que existe ainda uma grande dificuldade ou, talvez, uma inabilidade do STF para lidar com a proteção dos direitos previdenciários como direitos humanos fundamentais.

A pesquisa empírica levou a resultados inesperados. Dela extraíram-se dados que apontam que a maioria dos recursos interpostos à Corte Constitucional são operacionalizados pelo INSS. Que das decisões proferidas pelo STF, mais do que a maioria são favoráveis à Autarquia Previdenciária. As decisões são em grande parte unânimes, e o voto do relator é quase intocável.

Extraiu-se também que, nas decisões que negam direitos previdenciários, há claramente a influência política do argumento econômico, enquanto que nas decisões que conferem direitos há a simples aplicação do princípio da legalidade.

Não se ignora o fato de que a teoria constitucional permite a interpretação aberta das normas constitucionais; entretanto, a forma que vem sendo instituída dentro do STF gera dúvidas a respeito de sua imparcialidade.

A pesquisa prova que há uma desvinculação temática do direito previdenciário com direitos humanos fundamentais, pois não há essa percepção quanto à fundamentalidade material do Direito Previdenciário para efetiva consubstanciação da dignidade da pessoa humana.

Essa desvinculação é notória nos julgados proferidos pelos Ministros e também nas ementas disponibilizadas na plataforma de pesquisa, as quais não permitem a transparência necessária e fidedigna dos dados e julgamentos realizados pela Corte no tocante aos direitos humanos previdenciários.

Desses dados percebeu-se que o STF despreza a importância do direito previdenciário, não o relaciona com direitos sociais, nem mesmo com direitos humanos fundamentais. Ao contrário, existe uma ideia assistencialista de que, quando se trata de direito previdenciário, se está concedendo esmolas ou favores.

Isso denota a total inabilidade da Corte Constitucional Brasileira para proteger direitos humanos fundamentais previdenciários. Para além disso, desrespeita direitos fundamentais previstos no texto constitucional e enfraquece os tratados internacionais, dos quais o Brasil é signatário, fragilizando assim a verdadeira consecução desses direitos.

Como se viu, a consagração dos direitos previdenciários como direitos humanos tem o condão de torná-los fundamentais num Estado Democrático de Direito. No entanto, embora as diversas conquistas sociais, a positivação dos direitos previdenciários no texto constitucional não foi suficiente para garantir sua efetiva consecução.

Surgem novos desafios a serem superados. Argumentos econômicos não comprovados, como o déficit previdenciário, que leva à discussão da reserva do possível, estão minando direitos legítimos nas vias judiciais, embasando decisões arbitrárias, como a retroatividade da decadência ou a não aplicação da lei mais benéfica, em decisões de repercussão geral em Cortes de última instância, em detrimento da aplicação de princípios constitucionais de ampla proteção.

A pesquisa mostra que a tese do déficit é interessante ao Governo. Pois, independentemente da situação em que esteja, seja como autor ou como réu, o princípio é utilizado como última palavra a seu favor, da Autarquia Previdenciária.

Esses acontecimentos vão contra a legalidade e a segurança jurídica do ordenamento jurídico atual, colocando em segundo plano os interesses do legislador originário quando da criação do texto constitucional.

O resultado da pesquisa empírica nos leva a verificar as questões doutrinárias que permeiam essa atuação política/extrajurídica por parte dos tribunais. Dworkin trata da questão em duas de suas obras, *O Império do Direito e Uma Questão de Princípio*. Sua teoria da integridade mostra o caminho a ser percorrido pelos julgadores em situações que envolvem argumentos de política e de princípios e defende o respeito à Constituição como forma, inclusive, de respeito à democracia.

Todavia, o que se pode afirmar é que nenhum argumento, nem mesmo o político-econômico, autoriza os Poderes do Estado Democrático de Direito, quanto menos o Poder Judiciário, a "vilipendiar o mínimo existencial", ainda que haja limitações de recursos. Jamais a decisão, em matéria de Direitos Fundamentais, pode ser apenas política, devendo sempre respeitar os princípios e garantias constituídas, e, acima de tudo, as Garantias e Direitos Fundamentais atinentes aos seus cidadãos.

Havendo tensão entre constitucionalismo e democracia, é o texto da Carta Magna que deve prevalecer. Do mesmo modo, havendo conflito entre regras, que descrevem direitos, e princípios gerais do direito, a regra que consubstancia um direito não pode sucumbir aos princípios, que são gerais e abstratos.

Não é dado ao Poder Judiciário subverter a lógica democrática e acumular poderes que não lhe foram concedidos pelo Poder constituinte originário. Além da insegurança jurídica, a subversão da ordem leva à ruína do Estado de Direito, à inefetividade da Carta Magna, trazendo prejuízo à sociedade como um todo.

REFERÊNCIAS BIBLIOGRÁFICAS

ANFIP. *Análise da Seguridade Social 2010/2011/2012.* Disponível em: <http://www.anfip.org.br/publicacoes/livros/includes/livros/arqs-pdfs/analise2012.pdf>. Acesso em: 6.8.2013.

ALEXY, R. *Teoria dos direitos fundamentais.* Tradução de Virgílio Afonso da Silva. São Paulo: Malheiros, 2008.

ANDRADE, J. C. V. D. *Os direitos fundamentais na Constituição Portuguesa de 1976.* Coimbra: Almedina, 1998.

ARNAUD, A.-J.; JUNQUEIRA, E. B. (orgs.). *Dicionário da globalização.* Rio de Janeiro: Lumen Juris, 2006.

BARBOSA, C. M. Reflexões para um judiciário socioambientalmente responsável. *Revista da Faculdade de Direito — UFPR*, Curitiba, n. 48, p. 107-120, 2008.

_____. A legitimidade do exercício da jurisdição constitucional no contexto da judicialização da política. In: DUARTE, F. C.; BARRETTO, V. de P.; GERMANO, S. *Direito da sociedade policontextural.* Curitiba: Appris, 2013.

BARBOSA, E. M. Q. *Reflexões críticas a partir da aproximação dos sistemas de* common law *e* civil law *na sociedade contemporânea.* Tese (Doutorado em Direito). Curitiba: PUC/PR, 2011.

BARCELLOS, A. P. *A eficácia jurídica dos princípios constitucionais:* o princípio da dignidade da pessoa humana. Rio de Janeiro: Renovar, 2002.

BARROS, S. R. *Direitos humanos. Paradoxo da civilização.* Belo Horizonte: Del Rey, 2003.

BOBBIO, N. *Teoria do ordenamento jurídico.* 10. ed. Brasília: Universidade de Brasília, 1997.

BONAVIDES, P. *Do estado liberal ao estado social.* 7. ed. São Paulo: Malheiros, 2004.

BRASIL. *Constituição da República Federativa do Brasil de 1988.* Brasília, 1988. Disponível em: <http://www.planalto.gov.br/ccivil_03/constituicao/ConstituicaoCompilado.htm>. Acesso em: 12.11.2014.

CAMPOS, F. *Direito constitucional.* Rio de Janeiro: Freitas Bastos, 1956.

CAMPOS, M. B. L. B. *Regime próprio de previdência social do servidores públicos.* 4. ed. Curitiba: Juruá, 2012.

CITTADINO, G. Poder judiciário, ativismo judiciário e democracia. *Revista Alceu,* Rio de Janeiro, v. 5, n. 9, p. 105-113, jul./dez. 2004.

COSTA, J.R.C. *Os direitos sociais previdenciários no cenário neoliberal.* Curitiba: Juruá, 2010.

CONSELHO NACIONAL DE JUSTIÇA — Página institucional — *100 maiores ltigantes do Brasil* 2011/2012. Disponível em: <http://www.cnj.jus.br/images/pesquisasjudiciarias/pesquisa_100_maiores_litigantes.pdf>. Acesso em: 20.2.2015.

DIMOULIS, D.; MARTINS, L. *Teoria geral dos direitos fundamentais.* 3. ed. São Paulo: Revista dos Tribunais, 2011.

_____ . *Teoria geral dos direitos fundamentais.* São Paulo: Atlas, 2014.

DWORKIN, R. *O império do direito.* São Paulo: Martins Fontes, 1999.

_____ . *O império do direito.* 2. ed. Tradução de Jefferson Luiz Camargo. São Paulo: Martins Fontes, 2007.

_____ . *Uma questão de princípio.* 2. ed. Tradução de Luis Carlos Borges. São Paulo: Martins Fontes, 2005.

EPSTEIN, Lee. *Pesquisa empírica em direito* — as regras de inferência. São Paulo: Direito GV, 2013. (Coleção acadêmica livre) 7 Mb; PDF Título original: *The rules of inference.* Vários tradutores.

FERREIRA, A. B. H. *Dicionário Aurélio básico da língua portuguesa.* Rio de Janeiro: Nova Fronteira, 1988.

FRANÇA, R. L. *Hermenêutica jurídica.* 10. ed. São Paulo: Revista dos Tribunais, 2010.

FOLMANN, M.; FERRARO, S. A. *Previdência nos 60 anos da declaração de direitos humanos e nos 20 da constituição brasileira.* Curitiba: Juruá, 2008.

_____ . *Previdência entre o direito social e a repercussão econômica no século XXI.* Curitiba: Juruá, 2009.

_____ . *Previdência & argumento econômico.* Curitiba: Juruá, 2012.

GALINDO, B. *Direitos fundamentais.* Curitiba: Juruá, 2003.

GOMES CANOTILHO, J. J. *Direito constitucional e teoria da constituição.* Coimbra: Almedina, 1998.

GONÇALVES, O. O.; FLORIANI NETO, A. B. O comportamento oportunista do INSS e a sobreutilização do Poder Judiciário. In: CONPEDI (org.). *Direito e economia.* 1. ed. Florianópolis: FUNJAB, 2014. v. 1.

GRAU, E. R. *A ordem econômica na Constituição de 1988.* 15. ed. São Paulo: Malheiros, 2012.

_____ . *O direito posto e o direito pressuposto.* 6. ed. São Paulo: Malheiros, 2005.

GREGORI, M. S. Artigo XXV. In: BALERA, W. *Comentários à declaração universal dos direitos humanos.* 2. ed. São Paulo: Conceito, 2011.

HESPANHA, A. M. A revolução neoliberal e a subversão do "modelo jurídico": crise, direito e argumentação jurídica. In: GOUVEIA, Jorge Bacelar; PIÇARRA, Nuno (coord.). *A crise e o direito*. Lisboa: Almedina, 2013.

HESSE, K. *Elementos de direito constitucional da república federal da Alemanha*. Porto Alegre: Sergio Antonio Fabris, 1998.

HEUKO, G. R. Capítulo II — direitos socais e ambientais: a efetividade e a atuação judicial na promoção dos direitos socais prestacionais. In: SAVARIS, J. A.; STRAPAZZON, C. L. *Direitos fundamentais da pessoa humana* — um diálogo latino-americano. Curitiba: Alteridade, 2012.

IBRAHIM, F. Z. *Curso de direito previdenciário*. 17. ed. Niterói: Impetus, 2012.

LEITE, G. Ativismo judicial, constitucionalismo e democracia. *Jus Navigandi*, Teresina, ano 19, n. 3.898, 4 mar. 2014. Disponível em: <http://jus.com.br/artigos/26337>. Acesso em: 13.1.2015.

MOLL, L. H. M. Projetos de pesquisa em direito. In: CARRION, Eduardo Kroeff Machado; MEDINA, Ranier de Souza (org.). *Reforma constitucional e efetividade dos direitos*. Porto Alegre: UFRGS, 2007.

OLIVEIRA JUNIOR, J. A. *Cultura e prática dos direitos fundamentais*. Rio de Janeiro: Lumen Juris, 2010.

ORGANIZAÇÃO DOS ESTADOS AMERICANOS — OEA. *Convenção Americana de Direitos Humanos*. San José da Costa Rica. 1969. Disponível em: <http://www.pge.sp.gov.br/centrodeestudos/bibliotecavirtual/instrumentos/sanjose.htm>. Acesso em: 2.11.2014.

_____ . *Protocolo adicional à convenção americana sobre direitos humanos em matéria de direitos econômicos, sociais e culturais*. San Salvador, 1998. Disponível em: <http://www.oas.org/juridico/portuguese/treaties/A-52.htm>. Acesso em: 2.11.2014.

ORGANIZAÇÃO DAS NAÇÕES UNIDAS — ONU. *Carta das Nações Unidas e Estatuto da Corte Internacional de Justiça*. São Francisco, 1945. Disponível em: <http://www.onu.org.br/docs/carta_da_onu.pdf>. Acesso em: 2.11.2014.

_____ . *Declaração universal dos direitos humanos*. Paris, 1948. Disponível em: <http://www.onu.org.br/img/2014/09/DUDH.pdf >. Acesso em: 2.11.2014.

_____ . *Pacto internacional de direitos civis e políticos*. Nova York, 1966. Disponível em: <http://www.gddc.pt/direitos-humanos/textos-internacionais-dh/tidhuniversais/cidh-dudh-direitos-civis.html>. Acesso em: 2.11.2014.

PANCOTTI, L. G. B. *Conflitos de princípios constitucionais na tutela de benefícios previdenciários*. São Paulo: LTr, 2009.

PIOVESAN, F. *Direitos humanos e o direito constitucional internacional*. São Paulo: Saraiva, 2013a.

_____ . *Direitos humanos e justiça internacional:* um estudo comparativo dos sistemas regionais europeu, interamericano e africano. São Paulo: Saraiva, 2013b.

RICHARDSON, R. J. *Pesquisa social:* métodos e técnicas. Colaboradores: José Augusto Souza Peres *et al*. São Paulo: Atlas, 1999.

RISTER, C. A. *Direito ao desenvolvimento:* antecedentes, significados e consequências. Rio de Janeiro: Renovar, 2007.

ROCHA, D. M.; SAVARIS J. A. *Fundamentos de interpretação e aplicação do direito previdenciário*. Curitiba: Alteridade, 2014.

ROUSSEAU, J. J. *O contrato social*. São Paulo: Martins Fontes, 2003.

SALOMÃO FILHO, C. (coord.) *Regulação e desenvolvimento*. São Paulo: Malheiros, 2002.

SAVARIS, J. A.; STRAPAZZON, C. L. A terceira fase da seguridade social. In: ALEXY, R.; BAEZ N. L. X.; SANDKÜHLER, H. J. (orgs.). *Níveis de efetivação dos direitos fundamentais civis e sociais:* um diálogo Brasil e Alemanha. Joaçaba: Unoesc, 2013.

SAVARIS, J. A. Princípio da primazia do acertamento judicial da relação jurídica de proteção social. *Revista de Doutrina da 4ª Região,* Porto Alegre, n. 46, fev. 2012. Disponível em: <http://www.revistadoutrina.trf4.jus.br/artigos/edicao046/jose_savaris.html>. Acesso em: 18.11.2012.

_____ . A aplicação judicial do direito da previdência social e a interpretação perversa do princípio da precedência do custeio: o argumento Alakazan. *Revista Direitos Fundamentais e Democracia*, Curitiba, v. 10, n. 10, p. 281-313, jul./dez. 2011.

SARLET, I. W. *A eficácia dos direitos fundamentais*. 6. ed. Porto Alegre: Livraria do Advogado, 2006.

_____ . *A eficácia dos direitos fundamentais*. 12. ed. Porto Alegre: Livraria do Advogado, 2015.

SERAU JUNIOR, M. A. *Seguridade social como direito fundamental material*. 2. ed. Curitiba: Juruá, 2011.

_____ . *Economia e seguridade social:* análise econômica do direito — seguridade social. 2. ed. Curitiba: Juruá, 2012.

SILVA, J. A. D. *Curso de direito constitucional positivo*. 22. ed. São Paulo: Malheiros, 2003.

SUPREMO TRIBUNAL FEDERAL. *Plataforma de busca do* site *institucional do STF*. Disponível em: <http/www.stf.jus.br/jurisprudencia>.

THEODORO, M. A. *Direitos fundamentais & sua concretização*. Curitiba: Juruá, 2002.

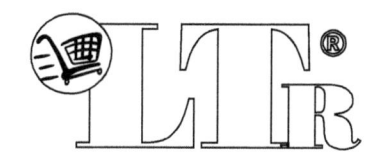

LOJA VIRTUAL
www.ltr.com.br

E-BOOKS
www.ltr.com.br